AF357518

MAURICE BARRÈS

DE L'ACADÉMIE FRANÇAISE
PRÉSIDENT DE LA LIGUE DES PATRIOTES

L'AME FRANÇAISE ET LA GUERRE

★ ★ ★ ★

L'AMITIÉ DES TRANCHÉES

PARIS
ÉMILE-PAUL FRÈRES, ÉDITEURS
100, RUE DU FAUBOURG-SAINT-HONORÉ, 100
PLACE BEAUVAU

1916

L'AME FRANÇAISE ET LA GUERRE

★ ★ ★ ★

L'AMITIÉ DES TRANCHÉES

OEUVRES DE MAURICE BARRÈS

Collection à **3** fr. **50** c.

LE CULTE DU MOI

* SOUS L'ŒIL DES BARBARES . . . . 1 vol.
** UN HOMME LIBRE . . . . —
*** LE JARDIN DE BÉRÉNICE . . . . —

LE ROMAN DE L'ÉNERGIE NATIONALE

* LES DÉRACINÉS . . . . 1 vol.
** L'APPEL AU SOLDAT . . . . —
*** LEURS FIGURES . . . . —

LES BASTIONS DE L'EST

* AU SERVICE DE L'ALLEMAGNE . . . . 1 vol.
** COLETTE BAUDOCHE, histoire d'une jeune fille de Metz . . —

L'AME FRANÇAISE ET LA GUERRE

* L'UNION SACRÉE (2 août-31 octobre 1914) . . . . 1 vol.
** LES SAINTS DE LA FRANCE (1er novembre 1914-1er janvier 1915) —
*** LA CROIX DE GUERRE (2 janvier-11 mars 1915) . . . . . . —
**** L'AMITIÉ DES TRANCHÉES (11 mars-9 mai 1915) . . . . . . —

L'ENNEMI DES LOIS . . . . 1 vol.
DU SANG, DE LA VOLUPTÉ ET DE LA MORT . . . . —
AMORI ET DOLORI SACRUM (*La Mort de Venise*) . . . . —
LES AMITIÉS FRANÇAISES . . . . —
SCÈNES ET DOCTRINES DU NATIONALISME . . . . —
LE VOYAGE DE SPARTE . . . . —
GRECO OU LE SECRET DE TOLÈDE . . . . —
LA COLLINE INSPIRÉE . . . . —
HUIT JOURS CHEZ M. RENAN . . . . —
LA GRANDE PITIÉ DES ÉGLISES DE FRANCE . . . . . —

ADIEU A MORÉAS. Une brochure . . . . Prix **1** fr
UN DISCOURS A METZ (15 août 1911). Une brochure . . . Prix **1** fr
DANS LE CLOAQUE . . . . Prix **2** fr

MAURICE BARRÈS

DE L'ACADÉMIE FRANÇAISE
PRÉSIDENT DE LA LIGUE DES PATRIOTES

L'AME FRANÇAISE ET LA GUERRE

★ ★ ★ ★

L'AMITIÉ DES TRANCHÉES

PARIS
ÉMILE-PAUL FRÈRES, ÉDITEURS
100, RUE DU FAUBOURG-SAINT-HONORÉ, 100
PLACE BEAUVAU

1916

Il a été tiré de cet ouvrage
cent dix exemplaires sur papier de Hollande
TOUS NUMÉROTÉS

Nᵒ 107

L'AMITIÉ DES TRANCHÉES

HUITIÈME PHASE

LA GUERRE DE SIÈGE *(Suite)* (1)
(Du 11 Mars jusqu'au 9 Mai 1915.)

Le présent volume s'étend sur les mois de mars et d'avril jusqu'au 9 mai 1915, où commence la bataille d'Artois. Cette période est marquée par la continuation de la guerre de siège, et par une activité qui montre que les armées françaises conservaient l'initiative des opérations.

Nos troupes ont pu, malgré les difficultés de cette guerre de tranchées, infliger à l'ennemi de coûteux échecs, le tenir en haleine, l'obliger à maintenir en face d'elles la masse de leurs forces, affirmer leur ascendant.

En même temps elles ont perfectionné leur

(1) *La Guerre de Siège* commence au lendemain de *la Bataille des Flandres.* Nous en avons parlé dans la Sixième phase, page 157 des SAINTS DE LA FRANCE et dans la Septième phase, page 1 de LA CROIX DE GUERRE.

procédé d'attaque et profité de l'expérience que leur donnaient sept mois de guerre.

Enfin, dans le temps où les Allemands ont tenté contre les Russes des efforts considérables, les opérations sur le front occidental ont retenu des troupes importantes et facilité la liberté d'action de nos alliés.

§ 1. OPÉRATIONS EN WOËVRE

(30 Mars-15 Avril.)

Les opérations entreprises en Champagne au mois de février (1) avaient donné au début de mars les principaux résultats qu'on pouvait attendre. Elles avaient empêché les Allemands de transporter des troupes contre les Russes, au moment où ils faisaient un effort en Prusse orientale; elles avaient facilité l'attaque dirigée par les troupes britanniques contre Neuve-Chapelle; elles avaient causé à l'ennemi des pertes considérables, et affirmé la supériorité de nos troupes.

Quand les affaires de Champagne ont été arrêtées, et avant que des entreprises plus grandes fussent machinées, le Commandement a décidé un certain nombre d'actions de détails, destinées à la fois à interdire aux Allemands l'initiative des attaques et à entretenir l'état de l'armée.

(1) Voir page 3 *La Croix de Guerre.*

Une série d'actions commence le 30 mars dans la région du Bois le Prêtre : nos troupes enlèvent le village de Fey-en-Haye, puis celui de Régneville, et, malgré le temps défavorable et le sol détrempé, occupent les hauteurs de la rive droite de l'Orne ; les opérations continuent par la conquête des Éparges (9 avril), qui dominent la plaine de Woëvre et qui furent disputées en maints combats violents, puis par les attaques contre les organisations allemandes du bois d'Ailly, obligeant l'ennemi à fixer sur ce front des réserves importantes et à faire des prélèvements sur d'autres parties du front.

§ 2. OPÉRATIONS A L'OUEST D'YPRES

(23 Avril-17 Mai)

Les Allemands, faisant pour la première fois usage des gaz asphyxiants, attaquent à l'ouest d'Ypres et surprennent des unités qui se trouvaient dans ce secteur, mais une brillante contre-attaque de la division canadienne et l'arrivée des renforts français rétablissent la situation (23-25 avril).

Dans les semaines qui suivent (25 avril-17 mai) les troupes chassent complètement les Allemands de la rive gauche de l'Yser et reprennent les villages de Lizerne, Steenstraat et de Hetsas.

I

ILS VOULAIENT BRISER LES OS DE LA FRANCE

12 Mars 1915.

On s'est souvent demandé, dans les premières semaines de la guerre, à quel mobile obéissaient les Allemands, en ordonnant et multipliant des atrocités qui déshonorent leurs armes et auxquelles on ne voit même pas d'utilité militaire.

Ils ont soulevé contre eux pour jamais la Belgique, où ils comptaient de très nombreux partisans ; ils ont indigné, petit à petit, l'univers, et perdu la faible chance qu'ils auraient pu avoir de rallier, chez nous, les pacifistes et internationalistes. Quel manque de psychologie ! Ils agissent d'une manière insensée. Les voilà devenus fous. Ils n'ont pas de plans, ils bombardent les cathédrales, ils incendient les bibliothèques, ils mettent à sac des villes ouvertes, ils cambriolent les propriétés privées, ils souillent les sépultures, pour rien, pour le plaisir. Leurs officiers poussent au vol, au viol, au massacre des enfants, à toutes

les souillures. Mais pourquoi, grand Dieu !
Encore si ces horreurs servaient à quelque
chose ! Encore si tout cela avait le sens commun ! Pourquoi leurs chefs ordonnent-ils ces
inutilités sanglantes ?

Pourquoi ? Nous le savons maintenant.
Nous en avions la formule ; seulement —
ô France, inguérissable de sa chevalerie ! —
nous nous obstinions à ne pas la comprendre.
Le noble roi d'Angleterre avait déclaré dans
une circonstance solennelle : « Les Allemands
ont décidé de briser les os de la nation française. » Mais cette trop vraie déclaration de-
meurait pour nous une image irréelle. Et
maintenant lisez, après tant d'autres documents officiels ou privés. le rapport de
MM. Payelle, Mollard, Maringer et Paillot
sur le traitement que les Allemands infligent
aux bandes d'esclaves qu'ils ont levées dans
nos villages et qu'ils poussent en les suppli-
ciant jusqu'au fond de l'Allemagne.

Les rapporteurs sont de hauts fonctionnaires, modérés par formation professionnelle et par système, qui veulent des preuves
surabondantes et qui redoutent de s'échauffer.
Voyez pourtant les faits qu'ils établissent :
ces immenses troupeaux d'enfants, de vieillards, de femmes enceintes, menés à pied,

sous les coups, massacrés s'ils bronchent ou pour amuser leurs bourreaux ; ces enfants séparés des mères systématiquement; ces milliers d'innocents livrés à la faim, aux maladies, aux tortures, à la mort. Oui, lisons, et nous saurons, une fois pour toutes, que ce n'est rien d'analogue à une séance de boxe, où un lutteur cherchant à tomber l'autre se contentera de gagner la partie selon des règles convenues et d'emporter l'enjeu. C'est une guerre de destruction. Vous entendez le mot. Une race cherche à détruire une autre race; une civilisation prétend, par le fer et par le feu, se substituer à une autre civilisation, dont elle anéantira même le souvenir.

Le « vieux Dieu allemand » commande que notre sang, nos biens et l'ensemble de nos idées soient précipités dans le gouffre, dans le scheol, comme dit la Bible.

Pour retrouver rien de pareil, il faut combiner les massacres qui nous sont racontés dans les plus sombres chapitres de l'histoire d'Israël ou sur les stèles d'Égypte et d'Assyrie, avec les cultes sanglants des dieux gorgés de sacrifices humains au fond des premières forêts de la Germanie.

On a dit et répété au peuple allemand, avec une infinie variété de « formules scien-

tifiques », que notre natalité faiblissait.
s'anéantissait, que le sang de la Germanie
prolifique devait nécessairement se substituer
à notre sang refroidi par l'âge et l'immoralité,
et comme cet événement attendu avec impatience par ces idéologues affamés, par ces
ventres mystiques, tardait à s'accomplir, ils
sont entrés en France pour accomplir leur
mission et hâter les volontés de *Unser Gott*.

Quand nous les entendions professer leur
doctrine pangermanique, furieuse de haine,
nous haussions les épaules, ou bien nous
disions : « Curieux paradoxe, audacieuse
construction. » Nous ne sommes plus assez
primaires pour nous mettre, corps et âme,
dans un système ; nous ne savons plus ce qu'il
peut y avoir de fort et de redoutable dans
une thèse quand elle pénètre tout l'être.
Hélas ! le profond sérieux germanique prenait
au tragique effroyablement ces vues, dont
nous aurions fait un divertissement, et en
tirait pédantesquement des leçons que toute
cette nation damnée s'occupe depuis huit
mois à mettre en œuvre sur la chair de notre
chair, sur nos richesses, sur nos beautés et
notre esprit.

Pourquoi détruisent-ils nos usines? Parce
que ce n'est pas tout de lutter sur les champs

de bataille et de jeter à terre les soldats. Les nations luttent encore sur le terrain commercial et industriel. Ils volent et expédient en Allemagne nos machines et nos matières premières, ils démantèlent ou incendient tout notre outillage, pour anéantir notre puissance économique aussi bien que notre force militaire.

Pourquoi s'acharnent-ils sur nos cathédrales, nos hôtels de ville, nos halles, tous nos monuments précieux ? Parce que s'ils veulent ruiner notre présent, ils ne détestent pas moins notre passé. Ils en nient la valeur ; ils le déclarent infécond, malsain, dangereux. L' « âme germanique » se suffit et n'a que faire des leçons classiques, ni d'aucune des disciplines qui ont formé l'Europe pensante. Ils entendent nous priver de notre beauté, de nos titres historiques et nous enlever même notre mémoire.

Pourquoi, non contents de saisir les notables dans les villages, les bafouent-ils avant de les tuer ? Cela est un fait. Ils arrêtent les chefs d'influence, les autorités sociales : maires, curés, instituteurs, et, spécialement à l'égard des religieux et des prêtres, ils multiplient les jeux infâmes et orduriers. C'est qu'ils veulent briser chez nous les forces spirituelles. Et cela s'accorde avec une profonde observation des enquêteurs : *Nous avons été profondément émus... en remarquant sur la physionomie d'un grand nombre de personnes, et jusque dans leurs attitudes, l'empreinte morale laissée par un régime odieux, inflexiblement destiné à abolir chez ceux qui le subissent le sentiment de la dignité et de la fierté humaines.*

Mais enfin un peuple chez qui l'on anéantirait la force militaire, les industries, les monuments d'art, les souvenirs tangibles de l'histoire, les forces spirituelles, sa fierté même, peut durer et renaître, s'il garde une animalité saine, s'il a protégé sa force physiologique, son beau sang. Écoutez encore les enquêteurs vous dire : « Il nous est impossible de taire la tristesse et l'indignation que nous avons ressenties en voyant l'état affligeant dans lequel les Allemands nous ont rendu les otages... tare physique déjà peut-être irréparable... La pensée nous venait malgré nous que *la scientifique Allemagne, qui se targue si volontiers d'avoir toujours marché à la tête des nations dans la lutte contre la tuberculose, semble avoir appliqué son esprit de méthode à préparer dans notre pays la propagation du fléau redoutable qu'elle a si ardemment combattu chez elle.* »

1.

Vue effroyable, qui peut être complétée par un rapport du service de santé allemand en date du 20 janvier. Il a été analysé dans la *Revue médicale* (du 4 mars dernier, page 68) et il nous met à même de connaître ce que sont les misères de la faim et *l'empoisonnement du sang* dans nos départements envahis. On me dispensera de préciser une situation que les Allemands eux-mêmes, dans ce rapport, déclarent être la conséquence du désir qu'ont les malheureuses femmes de manger un morceau de pain. En dépit des efforts de la Suisse pour faire un peu de ravitaillement, avec l'aide du Gouvernement français, la raréfaction alimentaire et les désastres moraux et physiologiques qu'elle entraîne doivent augmenter et servir ainsi l'abominable pensée des Allemands.

Devant de tels faits, devant cette méthode démoniaque, nul n'attend mon commentaire. Il n'y en a pas d'autre que le serment de nos soldats, fusil en main, face à l'ennemi, et, pour nous tous, un mouvement d'amour envers la France.

Je baise les pieds froids de ma mère endormie, dit le poète dans un vers plein de respect, que nous appliquons à ces pauvres meurtris, dont la délivrance ne va guère tarder. L'infamie

allemande échoue. La victoire s'annonce.
Est-il encore des théoriciens en France qui
ne veuillent pas comprendre et qui restent
attachés, par amour-propre ou par incapacité
de plier leurs idées sur les faits, à leur pacifisme? Ne serons-nous pas tous d'accord pour
prendre toute précaution, par un traité de
paix qui désarme l'Allemagne et nous assure
notre sécurité? Ils se croient prédestinés à
nous briser les os. C'est leur mission. Comp-
tez qu'ils la reprendront, chaque fois qu'ils le
pourront. Brisons du moins toutes leurs forces
d'attaque et leur organisation. Protégeons par
les plus solides frontières nos enfants, nos
femmes, notre beauté, notre spiritualité, nos
richesses, bref tout l'ensemble, la France
dont nous avons la garde.

II

LE CAHIER ROUGE DE MARCEL DROUET
MORT AU CHAMP D'HONNEUR   .

13 Mars 1915.

J'ai achevé de lire cette nuit le journal de
Marcel Drouet, le carnet de guerre où il a noté
ses faits et gestes et ses pensées, du premier

jour de la mobilisation jusqu'au moment où une balle prussienne, dans une tranchée près de Verdun, l'a frappé. Pauvre petit cahier, simple bloc-notes, grand comme la main, à couverture de carton rouge, froissé, éraillé, à peine lisible. A la première page, dans une dédicace bien émouvante pour ses trois amis, s'adressant à Georges Ducrocq, à Charles Maurras et à moi, il dit qu'il nous destine ses notes. Conformément à ses dernières volontés, un de ses officiers m'a fait parvenir cette relique du héros mort. Je me hâte d'en faire des copies pour Maurras et pour Ducrocq...

La dernière fois, ce me semble, que j'ai vu Marcel Drouet, c'était dans une réunion pour l'anniversaire de Jeanne d'Arc. Il était là avec ses jeunes camarades, et Déroulède aussi était là, assis un peu à l'écart, m'écoutant avec amitié et déjà arrêté par la maladie. Et moi, tout en faisant le discours que je devais, je me disais : C'est un peu fort que je parle quand Déroulède se tait, et c'est également singulier que je paraisse enseigner la poésie de la Vierge guerrière et martyre à des jeunes gens qui, cela saute aux yeux, jadis ont été ses écuyers, ses aimés et féaux compagnons.

Quel charmant garçon était notre ami, le vrai type d'un adolescent de chez nous. « Il suffisait de le voir passer, ferme et fringant, de le voir saluer une femme, pour sentir qu'il était des pieds à la tête un Français vif et poli, actif et délicat, en un mot d'une race de gentilshommes et de cavaliers... Depuis sa sortie du régiment, il avait fait deux parts de son existence : l'une consacrée aux poètes, aux maîtres de l'humour et de la fantaisie, à ses amis du *Divan*, de la *Revue critique des Idées*; l'autre vouée à la délivrance du territoire, à la croisade antiboche. Et de jour en jour, à mesure que le péril approchait, son visage devenait plus sérieux, son style plus mâle. Mon pauvre Drouet, je vous vois galopant, ce printemps 1914, dans la forêt de Compiègne, coiffé d'un feutre gris, sur un cheval fougueux que vous domptez. La course anime votre sang généreux et vous partez, chevalier de roman, pour une chevauchée. Six mois après, dans une tranchée glacée de l'Est, sous les murs de Verdun, un éclat d'obus brisait votre charmante tête. Et cela ne m'a pas surpris du tout de savoir que vous étiez mort, comme vous aviez vécu, en galant homme, face à l'ennemi... »

Ainsi parle Georges Ducrocq, d'une voix ferme, et ces lignes sur son ami mort au champ d'honneur, il me les écrit de la tranchée où, lieutenant depuis la guerre, il veille avec ses hommes. Époque inoubliable où les poètes convoqués au service de la patrie rédigent les uns pour les autres des épitaphes, et ne veulent plus connaître que le mode dorien!

Marcel Drouet avait publié, très jeune, deux petits livres de vers que rechercheront ceux qui voudront avoir les reliques des saints de la patrie. Mais sa vraie poésie n'avait pas été lue; il n'avait pas su la saisir, la mettre toute dans ses vers; elle restait dans son âme. Je l'ai trouvée dans son carnet, dans ce petit livre rapide où l'on voit ses derniers frissons avant que la nappe d'eau se referme immobile.

Le moment n'est pas venu que je puisse demander à l'*Écho* de vous donner ces pages au complet. La censure, à bon droit, y verrait un inconvénient. Mais vous ne tenez pas aux renseignements d'ordre militaire que pourrait vous donner un jeune sergent, si vite interrompu. C'est son âme, l'âme d'un poète à la guerre que vous voulez connaître, l'âme de l'un de ces enfants qui par milliers ont surgi à l'appel de l'honneur et de la Patrie. Que pensiez-vous, ô jeunes morts qui valez mieux que nous? J'écris ces lignes pour les faire connaître, en même temps que pour fermer les yeux de mon ami.

En lisant ce carnet, celui même qui n'a pas connu Drouet admirera la souplesse d'un jeune être tendre et fort, qui fait sa tâche de guerrier et dans les intervalles pense à sa famille, à ses jeunes plaisirs, aux beaux livres, à la Patrie. Une poésie saine s'exhale de ces pages, qui gonflera le cœur du plus insensible. Ému d'admiration, je m'attache à chaque feuillet, à chaque minute qui passe, et je voudrais la prolonger, car je vois bien que j'approche du gouffre. Le paysage monotone est sinistre, le danger partout, le noir mystère dans tous les taillis; l'aurore même se lève funèbre. Mais lui, pas un instant, ne s'indigne contre le destin qu'il prévoit et les forces qui l'écrasent. Sans résister au sort contraire, il glisse au gré du fleuve. Être mortel et limité, il sauve son honneur, et, gardant la paix de l'âme, sans regrets, ni supplications, ni colère, il se resserre dans ses souvenirs tendres et dans ses hautes espérances. O mort, que vos vingt ans écourtés valent mieux que notre longue jeunesse vaine !

Un épisode d'une grande beauté virgilienne, c'est quand le sergent Marcel Drouet voit, au fort du combat, tomber son lieutenant, le lieutenant Gabriel, un jeune Saint-Cyrien, qu'il ne connaît que depuis peu de jours, mais avec qui il a lié tout de suite une grande amitié, car les cœurs de vingt ans ont vite fait de s'unir.

Partis du bois de Baleycourt vers Nixéville, au matin, nous marchons à travers champs, un soleil de plomb sur la tête et pas d'eau. Nous marchons au canon, direction Brocourt, Ville-sur-Cousances. Vers 1 h. 1/2, les premiers obus, les premiers shrapnells commencent à tomber. Puis, peu à peu, le feu devenant violent à notre gauche (nous sommes première ligne), nous nous formons en tirailleurs. Je reçois un choc à la hanche, alors que j'étais couché ; c'était une balle morte, toute chaude encore, qui érafle mon ceinturon, et voici obus et boîtes à mitraille. Un homme de la 2ᵉ section, à notre gauche, reçoit en plein un obus ; je le vois, découpé dans le ciel, crisper ses mains en croix, s'asseoir. Il est « mouché ». De plus en plus dense, le feu s'accentue ; nous avançons par bonds, le lieutenant Gabriel en avant. Parvenu à un petit ravin où les balles faisaient rage, je me précipite avec ma demi-section, le traverse, laissant un mort, mon caporal Desharbes, et des blessés, et gagne la crête, A ce moment, l'on me dit : « Le lieutenant est blessé, tué peut-être. » Aussitôt je me précipite à nouveau dans la grêle des balles, et je trouve mon petit lieutenant tout sanglant, un trou dans la nuque... Je remonte toujours dans le filet des balles (une mitrailleuse allemande n'a cessé de battre ce ravin), à la tête de la section dont je prends le commandement. C'est là qu'il faisait bon ! Tout autour, les herbes, les feuillages étaient déchiquetés : les hommes, le nez par terre, sac par-dessus tête, ne bougeaient point. Ce qui n'empêchait qu'ils fussent blessés : Delile, Lefrançois, l'un à la tête, l'autre au côté, geignent près de moi. Du sommet de la crête, l'adjudant, le bras dégouttant de sang,

des hommes ruisselants descendent et passent en courant. Je me trouve écarté de ma compagnie, et près
du capitaine et d'un lieutenant de la 7ᵉ. Je pleurais
amèrement la mort de mon lieutenant. Une angoisse
de sentir la mort à deux pas m'étreint. Le lieutenant
de la 7ᵉ, mon voisin, couché à un mètre de moi, fait :
« Ah! » et ne bouge plus, une balle dans la tête.
L'ordre vient enfin de se replier. La nuit tombe, nous
défilons sous les dernières balles et poursuivis par les
obus, mais à peu près en sûreté. J'éprouve la plus
grande joie depuis un mois : Gabriel n'est que blessé,
la balle a sillonné la nuque sans pénétrer. Il me cherchait partout. Je cours de compagnie en compagnie
dans la nuit; enfin je le retrouve. Quelle étreinte! Le
voilà la tête bandée, les yeux brûlants de fièvre, mais
marchant d'un pas ferme. Pour un peu, je danserais.

Comme on sent l'angoisse dans ces notes,
et quelque chose qui va plus avant dans le
vrai que le morceau fameux sur Nisus et
Euryale, tout baigné d'une lumière de scène
et des prestiges savants de l'art. Qu'y a-t-il
donc en plus ici? L'isolement, l'appui l'un
sur l'autre. Si je tombe, c'est vous qui sou-
tiendrez ma tête, qui avertirez les miens, et
leur direz que j'ai fait mon devoir.

Marcel Drouet avait le goût de l'amitié. le
goût des livres aussi. C'est un fait curieux de
cette guerre, où toute l'élite morale du pays
remplit les armées. que nos soldats lisent beaucoup. Voulez-vous entendre un joli chapitre
de poète à la guerre?

Ce 23 septembre je suis installé à Fromezey, aux avant-postes, dans la mairie-école. De beaux meubles paysans, trois magnifiques armoires lorraines entre autres, reluisent encore au milieu d'un sinistre désordre. Tout est au pillage dans cette maison claire, qui devait être si proprette et soignée, avec sa salle d'école en bas, sa salle à manger, une belle chambre à coucher où deux lits d'enfants sont encore côte à côte. Au premier, deux chambres encore, l'une contenant la bibliothèque de l'instituteur et l'armoire de l'état civil. Dans un fouillis de tiroirs, je trouve quelques lettres fanées, des souvenirs de fiançailles : « Je vous embrasse tendrement, mon oncle a fixé le mariage pour le 29 avril », et des photographies de famille, des groupes où l'on reconnaît le maître d'école, maigre, grand, tête énergique, à ses lorgnons. Pauvres foyers, si tendrement entretenus, et dont les occupants ne retrouveront peut-être que les cendres ! Je puise avec volupté dans la bibliothèque de l'instituteur. Voilà des Jules Verne, des Mayne-Reid, des *Lectures pour tous*, des Ségur. Je choisis un Lamartine, un Chateaubriand et un Pascal, et jusqu'à sept heures, je bouquine avec ivresse. Un obus tombé à 50 mètres à peine de la mairie. Ces chameaux-là vont nous bombarder. En effet, de deux minutes en deux minutes, un obus arrive, écornant notamment le clocher tout voisin, et l'horloge est arrêtée à 7 h. 09, éventrant quelques tombes du petit cimetière qui l'entoure, sans respect pour ces vieilles pierres où reposent nos frères. Quelle vision ! Cette canonnade précède-t-elle une attaque d'infanterie ? Chaque heure peut être une surprise. J'ai fait bourrer les fenêtres de matelas, mis une sentinelle dans le couloir, et je reprends mon Lamartine, qui est fort dur pour le bon La Fontaine.

Naturellement, ces courts extraits vous donnent une idée imparfaite de ce cahier rouge, où se révèle une âme si pure de jeune soldat. C'est d'ensemble qu'il faut l'apprécier. Parmi ces feuillets étroits, d'une écriture toute fine et serrée, parmi ces phrases rapides, mal vêtues, mal coiffées et qui vont gauchement, je discerne des sentiments sublimes, comme dans les rangs d'une promenade du jeudi, au collège, vous découvrez, à je ne sais quoi du regard, l'enfant de génie. Et par exemple, après avoir lu le morceau que voici, dites-moi si vous n'êtes pas étonnés de respect :

1er novembre.

C'est encore de la tranchée de première ligne que je date ces mots, en ce jour de Toussaint passé dans cette terre où j'irai, quand Dieu voudra, rejoindre les chers disparus qui m'ont précédé. La Toussaint et le jour des Morts : ce sera la première fois de ma vie que je ne commémorerai pas décemment le souvenir de ceux qui nous sont liés par le sang ou l'affection. Petite chapelle de Cambrai, peut-être anéantie par les barbares, je n'irai pas cette année m'agenouiller sur vos dalles qui recouvrent ceux à qui je dois la vie, et tout. O mes chers morts ! croyez que dans cette matinée ensoleillée qui dore d'une dernière caresse la plaine froide, parsemée de tant de cadavres, votre souvenir est plus vivant encore dans ma mémoire. Car si je suis ici, transi, grelottant, boueux et noir, gourd de froid, si j'y suis sans regret mais fier et orgueilleux de mon poste, c'est grâce à vous que je le dois, grâce à votre exemple, à vos leçons et à vos peines. Je vous remercie, père respecté et aimé, mère chérie, d'avoir

fait de moi le Français que je suis, le fils du pays qui
veut vivre et si je pleure votre mort, si ma solitude
est grande, et désolée, n'ai-je pas devant mes yeux le
tableau que vous me montriez avec tant de flamme,
dans Sedan frémissant encore des horreurs de 70,
et cette croix de Sainte-Hélène qu'un des nôtres porta
et dont la relique s'est transmise jusqu'à mes pieuses
mains? Je pense à vous, cimetière sablonneux et vert
de Sedan, aux ombrages majestueux, où dorment les
grands-parents que je n'ai pas connus, mais dont je
respecte la hauteur d'âme. Sedan, dont la fierté aura
subi les envahissements et l'occupation flétrissante,
mais dont les derniers seront vengés, nous le jurons!

Je pense à vous, mes chers vivants, aux mains des
Barbares en ce moment sans doute, mais en le cœur
de qui j'ai foi, tant je connais votre dévouement aux
choses sublimes. Bonne vieille tante aux cheveux
blancs; toi, ma sœur aînée : Albert, mon frère véritable, et mes petits neveux, pour l'avenir desquels
nous luttons en ce jour.

Je pense à vous, mes amis morts, frères que la mort
a réunis au même âge : Robert Pêcheur, dont j'aimais
la franchise; de Craitte, qui était mon protégé, et
vous, amis vivants, mais en danger; Ducrocq, Thomas, Saint-Vincent, prisonnier, paraît-il. Ah! que je
voudrais être réuni à vous en ce jour de remembrance
et d'anniversaire!

Mais aussi je pense à vous, mon Dieu, qui avez
voulu toutes ces choses pour votre plus grande gloire
et pour l'établissement de votre justice. Tous ces malheurs, ces tristesses, tout ce sang répandu sont impo-
sés par vous, mon Dieu, en manière de rédemp-
tion. Votre soleil glorieux éclairera bientôt, j'en suis
absolument certain, la victoire du bon droit qui attend
depuis près d'un demi-siècle. J'y coopère de toutes
mes forces, de toute mon âme. Et si vous la retirez de

ce monde, ô Dieu de bonté, permettez que ce soit pour la joindre à ceux qui m'ont précédé dans votre séjour, et dont l'affection terrestre me fut précieuse. C'est toute la prière ardente que je fais devant le soleil levant, ce jour de Toussaint que sillonnent déjà les obus semeurs de mort, en cette année 1914 qui verra rétablir la paix du monde, par l'anéantissement du peuple barbare, et la régénérescence de la nation française.

De telles pages, à jamais mémorables, assurent la survie de Marcel Drouet dans l'âme de tous ceux qui les auront lues.

Au dernier feuillet du cahier rouge, et quand il écrit ses *ultima verba,* Marcel Drouet est toujours dans la Woëvre, veillant pour sa part à la défense mobile de Verdun. Son bataillon a reçu l'ordre de se rendre en avant du village de Samogneux.

Nous arrivons à Samogneux, long village dégringolant de la route, avec son église encastrée dans les maisons, vers 5 heures. Puis aussitôt, en route vers les avant-postes. La nuit est froide et présage la neige. Nous entendons vers les bois une vive fusillade. Deux kilomètres et demi environ au son de cette musique et l'on s'arrête au bas des pentes d'où elle part. Les balles commencent à siffler aux oreilles. Le 75 se met de la partie et balaye le ravin, et, section par section, nous gagnons le milieu de la pente, d'où l'on nous dirige vers nos postes respectifs.

C'est à l'aile gauche que je me trouve placé. Voici ma tranchée, qui, après un cheminement sous bois, apparaît dans la nuit avec un champ de tir de trente mètres à peine ; mauvaise besogne ! Devant nous le bois noir, prometteur d'embûches. La tranchée est à peine creusée, sans abri. Position difficile, car si ma liaison est immédiate à droite avec la section de Gabriel, le 351e, sur notre gauche, est établi à 1.800 mètres au moins sur l'autre versant de la crête ; et j'ai 14 hommes pour tenir ce côté dangereux. Qu'importe ! l'essentiel est d'être là.

Couchés au fond de la tranchée, prêtant anxieusement l'oreille aux coups de feu et aux rafales de salves voisines, dans l'attente de « notre action », je regarde inlassablement tomber la neige. Elle s'amoncelle sur nous, qui disparaissons sous sa blancheur. Ordre vient d'exécuter des tirs de barrages, et pendant une demi-heure, avec une régularité qui fait honneur à la discipline de ma section, je commande des feux par salves où l'on n'entend partir qu'un seul coup. Puis, dans le froid, l'humidité et la neige, se lève un petit jour frissonnant...

Et c'est fini de notre ami.

Le grand ciel de Lorraine, ses vastes espaces coupés de boqueteaux, le vent qui les parcourt m'ont toujours donné une angoisse de mystère et d'attente. Avais-je le pressentiment de contempler l'autel des plus tragiques sacrifices ? Savais-je que ces villages sans gloire et qui m'émouvaient allaient être arrosés du sang le plus pur de mes vrais amis ? La terre consacrée par tant d'héroïsme et de douleur, sera désormais chargée d'invisible et d'esprits que nous saurons nommer, le cœur plein de reconnaissance...

Voici la citation à l'ordre du jour qui clôt la noble vie de Marcel Drouet :

Drouet, sergent réserviste au 165e régiment d'infanterie : n'a cessé depuis le début de la guerre de donner des preuves de dévouement et de courage; modèle des chefs de section, entraînait ses hommes au combat en leur donnant le plus bel exemple : tué dans sa tranchée, le 4 janvier 1915. — Signé : *Roques.*

II *bis*

UN PAQUET DE LETTRES (Marcel Drouet)

Elles parlent assez par elles-mêmes. Nul besoin d'un commentaire. On voit dans la première, écrite par Marcel Drouet à la veille de sa mort, l'esprit de sacrifice et la générosité de ce jeune homme qui, fût-il supérieur à ceux vers qui se tournait son regard, avait besoin d'aimer, d'admirer et d'être reconnaissant. Les suivantes nous font assister à un culte du souvenir qui commence. Des chefs, des amis, des soldats-lettrés, viennent, au cours de la guerre, s'incliner et méditer sur la tombe de Drouet. Plusieurs de ces pas sants, à cette heure, sont morts, et notre regard qui les accompagne se perd dans un horizon mystérieux :

29 Décembre 1914.

Mon cher Maître,

Que cette carte vous apporte les vœux les plus respectueux et les plus cordiaux d'un combattant uni à vous par les liens d'une reconnaissance infinie. Grâce à vous, la tâche est légère qui libérera les Marches de l'Est du cauchemar germanique.

Tout à vous, et vive la France !

Marcel DROUET.

Le 7 Janvier 1915.

Monsieur,

Je me permets de vous apprendre, si vous ne le savez déjà, la mort glorieuse de votre ami Marcel Drouet, collaborateur aux Marches de l'Est et membre de la Ligue des Patriotes.

C'est parce que je suis persuadé d'assurer ainsi à sa mémoire un doux hommage qu'il me faut vous dire de Drouet : il fut toujours un brave, un résolu, un ardent soldat.

Pauvre camarade ! Très cher ami ! si vous saviez, Barrès, comme Drouet vous aimait, était fier de se déclarer votre compagnon par ses convictions, sa foi patriotique !

Il y a quelques jours, me parlant des rencontres prochaines, dans Paris, avec tous ceux qu'il retrouverait, il s'exclamait : « Ce jour-là, quelle belle fête de jeunesse! » Drouet pensait alors à tous, aux camarades du journalisme et des lettres, à ceux sur lesquels souffle le grand vent régénérateur de la pensée « barrésienne » : aux fils de Barrès, de Bourget, de Charles Maurras.

Marcel Drouet est mort. Il ne sera pas le témoin des noblesses de demain ; il ne verra ni les héros, ni les saints d'une société française réordonnée, mais il aura pétri sa part de nos gloires, et long-temps son souvenir gouvernera l'esprit et le cœur de ses amis.

En son nom, Barrès, je vous salue, comme il eût aimé vous saluer s'il eût connu le jour et l'heure de sa mort.

Roger Homo,
Caporal,
165e, 6e Compagnie,
Verdun.

P.-S. — Drouet est mort le 4 janvier à 14 heures et quart, aux tranchées du bois de Consenvoye (Meuse), frappé à la tête par l'explosion d'un obus de 210 millimètres. Il était sergent à la 6e compagnie du 165e. Ses hommes l'adoraient.

Le 8 Janvier 1915.

Monsieur,

Conformément au désir exprimé par mon ami Drouet, je vous fais parvenir son carnet de route. Je respecte ainsi ses dernières volontés.

Drouet était pour moi un véritable ami. Ensemble, nous avions souffert depuis le début de la campagne et son inaltérable bonne humeur, ainsi que ses capacités, l'avaient fait apprécier de ses chefs et aimer de ses camarades, ainsi que de ses soldats.

Il est mort le crâne fracassé par un éclat d'obus, sans aucune souffrance.

Je déplore la fatalité qui me fait vous écrire de la sorte et en d'aussi tristes circonstances...

G. GABRIEL,
Sous-Lieutenant,
165e Régiment d'Infanterie,
Verdun.

17 Janvier 1915.

Mon cher Maître,

J'ai lu avec émotion votre bel article sur Drouet. Vous lui avez rendu un magnifique hommage. Drouet le méritait complètement. Comme les jeunes gens se devinent ! Vous rappelez-vous que Philippe, le jour de cette fête de Jeanne d'Arc que vous rappelez, s'était pris de sympathie pour Drouet ; qu'ensemble nous suivions le cortège qui allait, par l'avenue de l'Opéra, à Saint-Augustin ; qu'ensemble nous vous applaudissions et qu'ensemble nous sommes allés prendre des nouvelles de Déroulède chez lui.

Drouet éveillait immédiatement l'amitié. Il avait l'allure chevaleresque, un soin très délicat de sa personne, avec cela il était vigoureux. Il aimait l'exercice physique, nous faisions tous les jours des armes, mais son bonheur était de vivre en forêt et d'arpenter à pied les sentiers de Compiègne ou de galoper dans ces allées cavalières qui ont vu passer toute l'histoire de France.

Drouet était l'ami le plus attentif, le plus exact que j'aie jamais connu. Nous avions collaboré à la même œuvre. Elle n'était pas tous les jours gaie. Il s'y était donné avec une jeunesse, un entrain merveilleux, et il appliquait toute sa rigueur logicienne de fils des Ardennes à faire triompher les Marches de l'Est. J'ai de lui une correspondance qui montre l'âme la plus stoïque, la plus ferme.

Toutes ces qualités cependant n'auraient suffi à donner à Drouet ce charme que l'on goûtait à vivre en sa compagnie. Il avait d'autres ressources. C'était un sentimental, mais qui avait la pudeur de ses affections. Il n'exprimait jamais le fond de son âme. Et cette contrainte, cette réserve de jeune homme fort ennemi du cabotinage, était une élégance de plus. Que de trésors je sentais dans cette âme profonde et pure comme une source.

Ce qui m'épouvantait parfois, c'était la lueur de ses yeux, d'ordinaire si nets et si francs. Drouet se sentait accablé par le malheur. Il avait perdu ses parents à vingt ans. Il ne se croyait pas destiné à vivre. Alors comme un prodigue il dépensait sa jeunesse. Il y avait en lui comme une flamme héroïque et la beauté qui reluit sur ceux qui bravent la mort.

J'ai beaucoup admiré le journal, le petit cahier rouge. C'est bien la manière de Drouet, simple, concise, juvénile et grave. Comme cela dépasse toute littérature.

Vous avez raison de rendre à ce mort la place qu'il méritait. Drouet s'était haussé silencieusement vers les cimes. Seuls quelques amis s'en doutaient. Ah ! comme c'est dur de penser qu'un obus détruit avec la même facilité cette tête précieuse et celle d'un grand bêta. Mais la mort ne choisit pas, ou plutôt elle fauche avec ivresse les meilleurs, les plus hauts, les plus fiers, comme les grands épis dans le champ de Tarquin.

Sous-Lieutenant Ducrocq.

72ᵉ Division.

Samogneux, 7 Avril 1915.

Mon cher Barrès,

...J'ai cherché quelque chose qui puisse vous faire plaisir et je crois que j'ai trouvé, car votre article sur Marcel Drouet et son journal m'ont fait connaître les liens qui vous attachaient à lui, et sa tombe est là, tout près de moi.

Samogneux, vous vous souvenez, il en a parlé, et aussi de sa petite église accrochée à la colline. Assistant l'autre semaine à l'enterrement d'un sergent du génie tombé bravement en avant de nos réseaux, et lui ayant dit l'adieu sans lequel je ne laisse jamais partir le plus humble des nôtres, je pensai que la photographie de sa tombe apporterait aux siens quelque consolation et je pris cette vue de notre cimetière militaire. La tombe de Marcel Drouet est dans l'angle gauche; on ne la voit pas, mais demain j'irai la prendre pour vous...

DRIANT.

Je groupe ces documents, je les apporte à pied d'œuvre pour qu'au premier loisir de la paix on élève le monument que nous devons à cette mémoire digne de ne pas périr.

III

SOLIDITÉ DES BELGES SOUS LE FLOT ALLEMAND

15 mars 1915.

Il semble que l'instant soit venu pour tous les peuples de produire au jour tout ce qu'ils avaient mission d'accomplir, tout ce qui reposait en eux d'inconnu.

Les Allemands révélèrent d'abord quels effroyables rêves de vilenie sanglante hantaient les plus bonasses d'entre eux, derrière leurs pipes et leurs verres de bière. Dès leur entrée en Belgique, ce fut l'ouverture du drame en style colossal. Et dans le même temps les Belges donnèrent le signal du su-

2.

blime. Ces deux thèmes, l'un le plus noble et l'autre le plus ignoble que l'on pût concevoir, n'ont pas cessé de se développer et de s'enrouler, produisant sur l'humanité une impression presque surnaturelle et réveillant le monde mystérieux qu'on pressent derrière le monde visible.

Les nuages qui cachaient les nations à tous et peut-être à elles-mêmes s'effacèrent; les apparences tombèrent, et, tandis que tous les êtres étaient remués profondément, on vit s'élever et prendre forme ce qui n'existait jusqu'alors qu'à l'état de velléités et de rêves.

Qu'y a-t-il eu de vraiment inouï dans le monde depuis sept mois ? Des millions de cadavres, des contrées en feu, des peuples livrés aux tourments? Cela n'est pas si nouveau, et Capus, l'autre jour, me rappelait que les horreurs auxquelles nous assistons sont exactement décrites aux premiers chapitres de *Candide*. Mais ce que Voltaire ni personne au monde, que je sache, n'a vu, c'est l'élévation morale dont nous sommes les témoins et ces milliers d'âmes transfigurées au milieu desquelles nous vivons.

Sur les territoires envahis et, d'ailleurs, dans toutes les familles directement atteintes par la guerre, les petites idées habituelles ont été balayées comme une poussière, et l'on y voit le fond divin, je veux dire quelque chose d'éternel et d'infini, une puissance toujours pareille à travers les âges, un ardent désir de se dévouer, de se sacrifier, de se surpasser.

Aujourd'hui, le hasard place dans mes mains des documents qui nous renseignent sur l'état magnifique, sur la fermeté et la noblesse de la nation belge, momentanément submergée, et qui nous renseignent d'autant mieux qu'ils sont de l'espèce la plus modeste. Écoutez, voyez ce que, d'un coup de drague sous le flot, nous ramenons : deux échantillons moyens qui prouvent une richesse incomparable de patriotisme.

Voici d'abord une lettre écrite à un soldat belge par son père. Celui-ci, demeuré dans Liége, vivait sans nouvelles depuis le début du mois d'août, quand, coup sur coup, en janvier, deux lettres lui arrivent de son fils. Il lui répond, il commence par exprimer sa joie de le savoir « bien portant et d'une confiance toujours absolue, ce qui nous prouve, dit-il, que tu es aussi bien moralement que physiquement ». Puis il lui donne des détails familiers sur chacun des membres de la famille et des moyens pour correspondre..... Et soudain :

Mon cher et vaillant enfant, Tine et moi, nous prions Dieu pour qu'il continue à te garder sous sa sainte égide, qu'il te donne la force et le courage de toujours accomplir noblement ton devoir. Sois donc toujours aussi brave que prudent. Dieu ne peut abandonner les enfants qui combattent pour une si noble et sainte cause que la nôtre. Soigne-toi bien, le plus hygiéniquement possible, sois ponctuel, vigilant, attentif aux ordres et recommandations de tes chefs, soigne bien ton armement, car celui-ci fait partie intégrante de toi-même; surtout, conserve toujours le bon moral dont tu fais preuve dans ta dernière lettre : un bon moral pour le soldat guerrier, c'est le levier d'Archimède.

Va, mon fils, que ce soit pour Dieu, ton Roi et la Patrie ! Et que Dieu te conserve à notre chère affection !

Tine et moi, nous t'embrassons bien tendrement.

    Ton père,   *(Signature.)*

N.-B. — Ne me laisse plus cinq mois et demi sans nouvelles.

P.-S. — Je me doutais bien que mon fils était brave. Va ! je suis fier de toi !

Que c'est beau, une telle lettre, où l'on voit loyalement exposés les mouvements vrais d'un cœur de père, les mouvements d'un père qui pousse son fils et le contient, examine ses armes, voudrait l'assister au feu, et enfin le cri final !

Ce jeune homme si virilement aimé est mort de ses blessures à l'hôpital, et le directeur belge de cet hôpital, en me donnant à lire cette page pour que je sache ce que valent les familles liégeoises, y joint la copie des adieux qu'un jeune sous-officier flamand, atteint de dix-huit blessures, avant de mourir, lui a remis pour les siens :

Chers parents, frères et sœurs bien-aimés,

Quand cette lettre vous sera transmise, je serai au ciel avec les héros morts à la guerre, pour mes actes accomplis sur le champ de bataille et pour avoir rempli mes devoirs de soldat chrétien en me battant pour Dieu, mon Roi et ma Patrie. Je suis mort pour le Droit. Vive le roi Albert et la reine Élisabeth ! Vive la Belgique et son peuple !

Voilà ce qui nous vient du peuple que les Allemands croient avoir conquis. Voilà les héroïsmes obscurs qui sont la respiration même de la Belgique. Qu'est-ce auprès de cela que les traits de dévouement à la Patrie recueillis par les historiens de l'antiquité ?

Les *De Viris* et tous les *Selectæ* de notre enfance sont des taupinières auprès d'un entassement de merveilles morales dont les citations à l'ordre du jour de l'armée ne nous donnent qu'un faible aperçu. Qui lira dans son entier ce sublime poème ? Personne. Nos soldats et leurs familles ont transposé sur le mode héroïque un conseil dont les artistes font leur loi, et que Schumann donnait aux musiciens : « Joue toujours comme si un maître t'entendait ».

Personne ne rendra justice à chacune des familles héroïques de cette guerre. Elles sont sublimes pour obéir à une nécessité intérieure, pour se satisfaire elles-mêmes. Mais l'ensemble de cet héroïsme va être pris en considération durant la suite des siècles, et ne cessera plus d'être efficace. Il y avait en Belgique des citoyens très nombreux qui croyaient avoir des affinités allemandes. L'expérience est faite. Il n'y a plus un Belge qui croie être le parent des brutes d'outre-Rhin. Il n'y a plus un observateur qui ne voie qu'aujourd'hui, comme au temps où César tenait les Belges pour les meilleurs soldats de la Gaule, nous sommes des frères étroitement unis par une commune conception de ce qui est permis ou défendu, de ce qui est odieux ou louable.

Mon confrère et ami, M. Babelon, le savant conservateur du cabinet des médailles, raconte avec les preuves les plus intéressantes tirées de la numismatique, qu'Attila, dont les légendes latines font le type du barbare sanguinaire, impudent et dévastateur, est, au contraire, profondément admiré par les légendes germaniques. Pour elles, il est le Fléau de Dieu, le Marteau du Monde, l'Homme élu de Dieu pour être l'instrument de sa colère contre l'humanité qui a mérité d'être châtiée. Les Belges sont d'accord avec les Français pour mettre l'Attila ancien et les pédants sanglants qui renouvellent ses horreurs au ban de l'humanité.

P.-S. — A la suite de la belle lettre sur les misères de Reims que S. Em. le cardinal Luçon m'a fait l'honneur de m'adresser et que l'*Écho de Paris* a publiée, nous avons reçu 1.550 fr. 50 c.

Que nos généreux lecteurs veuillent bien trouver ici l'expression de notre gratitude.

IV

L'HÉROISME DES ENFANTS

16 Mars 1915.

*A la mémoire de Max Barthou, engagé
volontaire de dix-huit ans.*

Une revue aimée des enfants, *Mon Journal*,
a persuadé ses jeunes lecteurs d'élever un
monument à ceux dont la valeur, pour se
dévouer à la Patrie, n'attend pas le nombre
des années.

L'histoire de la guerre de 1914, dit-elle, abonde
déjà en actes de dévouement, de courage, de sacrifice
accomplis par de tout jeunes enfants des nations alliées.
Il importe que le marbre transmette aux générations
des faits qui traduisent magnifiquement l'âme d'une
nation... Il faut que l'on n'oublie jamais !

Toutes les familles sont cruellement engagées
dans la guerre. L'enfant rêve de secourir son
père, ses grands frères, de les rejoindre et de
les venger. Sa ville et sa demeure sont-elles
envahies ? De toute son imagination, il se fait
des scrupules, examine ce que son devoir et
son honneur exigent. Je me rappelle comment
bouillonnait l'esprit de mes camarades, âgés

d'une dizaine d'années, et de nos jeunes aînés en 1870. Le type de ces angoisses, qui peuvent être fécondes, c'est l'enfance de Jeanne d'Arc.

Siméon Luce a essayé de nous introduire au foyer familial de Domrémy. Quel sujet ! Le génie en formation, son éveil, une conscience qui entrevoit sa mission, voilà l'un des plus profonds mystères de la vie. D'où viennent ces hommes qui seront les étoiles du ciel de l'âme, les mages, les inventeurs d'idéal ? La guerre donnera-t-elle des génies aux nations qu'elle laboure cruellement ? J'en suis sûr. Mais aujourd'hui, ce qu'elle propose à nos méditations par une multitude d'exemples, c'est l'aptitude des enfants à se conduire héroïquement.

Dans un beau morceau d'analyse sur Sully-Prudhomme, Paul Bourget, voici deux ou trois ans, a publié des notes que, tout jeune homme, il avait prises au sortir d'une conversation avec le poète des *Vaines Tendresses.* « Sully-Prudhomme, écrivait-il, me parle des enfants, de leur bonne volonté inépuisable, de leur héroïsme, de ce qu'est le maître pour eux, une sorte de demi-dieu impeccable... »

Voulez-vous qu'en toute liberté d'allure et n'ayant d'autre plan que la suite des âges, je vous apporte quelques vues sur ce grand sujet, et vous donne ma contribution au monument des jeunes patriotes ?

Le Ministre de l'instruction publique, avec l'approbation de tous, annonçait, il y a peu, qu'il ferait placer dans toutes les écoles le buste d'Émile Desprès. Vous savez l'histoire ? Ce jeune patriote aurait tiré sur un officier prussien, alors que celui-ci lui ordonnait d'achever un blessé, et il aurait été fusillé à Lourches.

Le fond est vrai, m'écrit un correspondant, mais les détails donnés jusqu'ici sont faux. Le petit Viala de 1914 ne s'appelle pas Emile Després, mais Emile Desjardins : il n'est pas de Lourches, mais de Neuville-sur-l'Escaut ; enfin, ce n'est pas à Lourches qu'il a été fusillé, mais à Douchy.

Voici les faits : les Prussiens arrivent à l'improviste le long de la voie du chemin de fer et surprennent un garde-voie, de la commune de Neuville, appelé B... Celui-ci (est-ce erreur ou crânerie ?) crie : « Vive la France ! Vive l'Angleterre ! » Immédiatement empoigné, il est emmené par les Allemands. En face du cimetière de Neuville se trouve un cabaret. En passant par là, toujours encadré par la patrouille ennemie, le garde-voie avise le jeune Emile Desjardins, surnommé *La Friture*, et lui dit : « Va me chercher une chope. » Mais les Allemands n'attendent pas et continuent leur route dans la direction de Douchy.

Le gamin, sa chope à la main, court, rejoint la troupe, mais un des Allemands la renverse d'un coup de crosse. Sans se décourager, Emile Desjardins court en rechercher une autre ; c'est alors que l'officier prussien lui dit : « Ce n'est pas de la bière que tu lui

donneras, mais du plomb. » Très bravement, Emile
Desjardins reçoit le fusil qu'on lui offre, vise son com-
patriote et délibérément, faisant un quart de tour,
tue l'officier. Puis il se sauve et dévale la grand'route
qui descend dans Douchy. Des gardes-voie, auxquels il
donne l'alarme, se replient et vont chercher refuge
avec lui dans la cour d'un paysan — je ne vous le
nomme pas, car son frère, réfugié dans l'Ouest, ignore
encore le drame. Les Allemands entrent dans la cour,
se saisissent du petit *La Friture*, des gardes-voie et du
vieux paysan et, le lendemain, tous les six étaient
fusillés à l'endroit où la veille était tombé l'officier
prussien : exactement à la croisée de la route nationale
Cambrai-Valenciennes et de la route départementale
Neuville-Noyelles. Emile Desjardins, blessé la veille à
l'œil, y fut traîné à moitié mort. Défense fut faite de
toucher aux cadavres. Mais, pendant la nuit, un ami
du petit héros parvint à se glisser jusque-là à tâtons ;
il reconnut son camarade (signe caractéristique : des
cheveux crépus de nègre) et, pour que les Allemands
aient leur compte de cadavres, remplaça celui qu'il
dérobait par celui d'un garde-voie, tué dans les environs.

Tels sont les faits, suis-je bien arrivé à reconstituer
la scène ? Je ne sais. Mais trois points restent acquis.
Emile Desjardins était de Neuville-sur-l'Escaut et c'est
à Douchy qu'il a été fusillé.

Je crois qu'il était intéressant et nécessaire
de donner ces précisions, dans le moment où
des initiatives privées s'occupent d'élever un
monument au petit héros, et quand M. Sarraut veut l'introduire dans les écoles. Il faudrait éviter pour l'avenir les contestations
qui s'élevèrent jadis contre les jeunes Bara et

Viala. Peut-être trouverons-nous un Després et un Desjardins. Dans un même canton et dans le même moment ? C'est peu probable. En tout cas, je complète mon apport par un portrait d'Émile Desjardins.

J'ai bien connu *La Friture*, m'écrit-on : pauvre petit môme aux cheveux crépus, à la figure intelligente, bon petit paysan, pieds nus, dépoitraillé, culotte de velours fendue des deux côtés, retenue par une ficelle formant bretelle. Je vous demande pardon de ces détails réalistes. Ils campent le personnage...

...Et le font aimer davantage, en même temps que haïr la sale race. Je m'inscris pour la pierre qui perpétuera l'abjection des officiers et soldats assassins d'enfants et le grand cœur spontané du petit La Friture.

En un tel sujet, si beau qu'on ne voudrait pas le quitter, et pour vous montrer, en prenant des exemples au hasard, ce que valent les jeunes espérances de la France, permettez que nous piétinions et que je vous approche des groupes formés par les garçons, grands et petits, en 1915. Vous les entendrez et les aimerez, et vous serez assurés des grands avenirs de notre Patrie. Je veux mettre sous vos yeux quelques passages d'une lettre qui

m'est écrite par un collégien sur une feuille
arrachée de ses cahiers. Ne faites pas attention à la folie des éloges que me donne cet
enfant. Je n'en mérite rien. Ils sont le fait de
son âge enthousiaste et une preuve encore de
générosité d'âme. C'est son raisonnement que
je vous prie de suivre, sa charmante exalta-
tion, son ardeur de dévouement.

Cher monsieur que j'aime sans connaître, permettez-
moi de m'adresser à vous... Je suis sûr que vous
m'écouterez. J'ai seize ans, mon père, qui en a qua-
rante-deux, est de la classe 1891. Il est d'une santé
qui lui a souvent coûté... (explication de son métier).
Il pourrait faire plus de bien peut-être dans ce métier
que là où il est appelé. Mais nous devons nous incliner. Seulement je pense avec tristesse que c'est bien
dur pour des hommes de plus de quarante ans, de
servir. Que l'on nous prenne plutôt, nous, les gamins
de seize et dix-sept ans. Nous nous battrons bien, je
vous assure, et puis personne n'a besoin de nous, nous
pouvons nous sacrifier. Enfin, à notre âge, la guerre
c'est une partie de plaisir ; y mourir est presque joyeux.
Avec de la camaraderie pour le soutenir, l'adolescent
français saura se tenir.

Je suis sûr de n'être pas seul de mon avis, et c'est
pour cela que j'ose vous écrire. Tous les jeunes gens
de mon âge sont dans ces dispositions. Qu'on épargne
le service à ces réservistes, territoriaux, qui ont femme
et enfants déjà grands, qui ont lutté et ne doivent pas
recommencer la lutte. Ce n'est pas à notre âge qu'on est
jeune, c'est dix ans plus tard ; aussi vaut-il mieux nous
prendre, nous qui n'avons pas vécu, ni vraiment aimé.

J'espère que vous voudrez bien, vous, qui par vos

démarches avez déjà fait tant de bien, tâchez de parler à nos chefs dans ce sens. Mes camarades, je vous jure qu'ils pensent tous comme moi.

Pardonnez-moi mon audace et permettez-moi de vous appeler mon père, vous qui avez formé moralement les jeunes classes, et de me dire votre fils.

Un conscrit de la classe 1919.

Quelle puissance de sentir suppose une telle lettre ! Matière divine, puisses-tu recevoir une généreuse direction bien raisonnée ! Dans sa belle conversation avec Paul Bourget que je rappelle plus haut, Sully-Prudhomme, après avoir constaté et admiré la sensibilité prodigieuse des enfants, leur noble et touchante bonne volonté, se demandait si on ne pourrait pas utiliser leurs riches prédispositions du cœur et développer en eux, pour les choses de la morale, un sens analogue à ce qu'est le goût pour les choses esthétiques. En un mot, ne pourrait-on pas concevoir et former des artistes en action, comme il y a des artistes en idée ?

Certes, on le peut, même on le fait. Il y a des écoles où l'on dresse les jeunes êtres à cette esthétique. Ces écoles, ce sont nos régiments ; ces élèves, ce sont nos jeunes soldats.

L'autre jour, devant des recrues de quelques mois, on parlait d'une affreuse blessure à la face qui défigure un lieutenant.

Comment l'a-t-il reçue ? dit quelqu'un.

— Il avait appliqué une échelle à une tranchée fortifiée ; il y monta le premier et, arrivé en haut, il reçut un coup de feu en pleine figure qui le jeta évanoui dans l'intérieur même de la tranchée, au milieu des Boches.

— Ça, c'est une magnifique blessure, dirent-ils tous.

Voilà des cœurs bien nés, droitement dirigés.

Je puis vous donner une illustration saisissante de ce que vaut la formation militaire sur l'âme de nos jeunes Français. C'est un précieux document de la France éternelle et de la guerre de 1915, et une image typique, puisque en donnant un cas individuel elle éclaire et honore la dernière promotion de Saint-Cyr et ses maîtres. Voici la lettre que m'écrit le colonel qui fut le chef de l'un de ces admirables adolescents, chers à la Patrie en deuil :

Monsieur,

J'ai lu avec le plus grand plaisir, dans l'*Écho de Paris* du mercredi 17 février, votre article intitulé : « La Stèle de notre corporation », où vous citiez un fragment de lettre de quelqu'un qui m'est cher, le sous-lieutenant Parrot-Lagarenne.

J'ai eu à guider les premiers pas de ce blondin, de

cet enfant dans la carrière militaire ; je l'ai fait au milieu de la mitraille. Saint-cyrien docile, ainsi que presque tous ses semblables que j'ai élevés, il écouta tous les conseils que je lui donnai sur l'accomplissement de ses devoirs, le respect de la discipline et, par-dessus tout, l'amour de la Patrie.

J'aimais à causer avec lui, et c'est avec une joie intense que je me rappelle un certain soir du mois de septembre, où je le trouvai à mes côtés, un fusil à la main, me redisant les promesses qu'il m'avait faites de se conduire toujours courageusement.

Hélas ! cette soirée devait avoir un lendemain, mais un lendemain bien triste. Parrot-Lagarenne devait m'être enlevé, avec combien d'autres de mes officiers, sous-officiers et soldats qui dorment actuellement leur dernier sommeil !

Il se conduisit brillamment au feu et mourut en héros non loin de moi : un ruban rouge et une citation à l'ordre de l'armée étaient, à mes yeux, les dignes récompenses à lui offrir, ainsi qu'à un certain nombre d'autres, mais cette joie ne me fut pas accordée !

Enseveli dans le linceul de l'immortalité et à l'ombre d'une croix portant la mention : « Mort pour la Patrie », Parrot-Lagarenne, mon jeune ami, repose avec ses chefs et ses amis, à qui j'ai pu épargner la fosse commune dans le cimetière de N...-au-P... Son ombre peut venir chaque jour planer au-dessus des combattants à la frontière.

Que cette lettre soit un adoucissement, si cela est possible, à la douleur des siens, qui, avec moi, le pleurent, mais doivent se dire qu'il laisse un exemple à suivre.

Le colonel A . D.

Ici, nous n'avons plus affaire à un enfant, certes, mais, dans le jeune officier, vous

retrouvez l'ardeur et le frémissement tout
neufs qui émeuvent si fort ceux qui ont
l'amitié des jeunes êtres, et quand ce colonel
nous donne ce tableau, d'une émotion déchi-
rante, de ses rapports avec son petit sous-
lieutenant, tout frais accouru de Saint-Cyr,
n'entendez-vous pas un écho des paroles de
Sully-Prudhomme sur la « bonne volonté
inépuisable des enfants, leur héroïsme et la
qualité de demi-dieu impeccable qu'ils attri-
buent au maître » ?

Sur ces qualités héroïques de l'enfance
subsistant chez le jeune soldat, nos chefs militaires comptent pour l'action décisive de la
guerre. Inférieures en résistance physique, les
jeunes classes valent, parce que, l'ignorance
aidant, elles obéissent mieux qu'aucune autre
aux sentiments sublimes et aux excitations
des chefs...

Ici, arrêtons-nous. Cet enfant, dont nous
admirions la pure noblesse et les puissances
de sacrifice, va se heurter aux cruautés de la
vie.

V

AIDE-TOI, LE RESTE VIENDRA

17 Mars 1915.

Ce ne sont pas les neutres qui nous donneront la victoire, mais nous mêmes et notre volonté de vaincre. Japon, Italie, Roumanie, Grèce et Bulgarie, quand il vous plaira, si le cœur vous en dit, nous vous ferons place à la bataille et au festin final. Sinon, avec nos propres moyens, allègrement, nous accomplirons la dure besogne, l'écrasement de l'Allemagne.

Il ne faut tout de même pas se figurer que nous soyons en peine d'achever une opération plus qu'à moitié accomplie.

La bataille décisive de la Marne, jour sublime où la puissance militaire de l'Allemagne reçut un échec dont elle ne se relèvera plus, prouve à l'Univers que nous sommes toujours le peuple faiseur de miracles, le peuple d'où sortit Jeanne d'Arc.

Quel était le secret de la Vierge qui bouta dehors l'étranger? Par deux fois, au cours de son procès, elle montra comment se formaient en elle l'espérance et la certitude ; « Aide-toi, le ciel t'aidera », dit-elle, et encore : « Travaillez, et Dieu travaillera ».

Vieux proverbe du peuple de France, cette devise de la Sainte est reprise par le narquois fabuliste, par le bon La Fontaine, justement cher aux sceptiques. Elle nous accorde tous. Elle exprime la profonde sagesse de notre nation courageuse et donne une explication des grands miracles de notre histoire.

Quand Viviani, au mois de décembre, s'est ému d'apprendre que je demandais une fête nationale en l'honneur de Jeanne d'Arc et m'a prié d'y renoncer momentanément, au nom d'intérêts supérieurs qu'il s'abstenait de me définir, j'ai imité sa discrétion et je ne lui ai pas expliqué quelles raisons conseillaient de dresser au-dessus de nos têtes la figure de la jeune fille guerrière et martyre qui mena nos aïeux à la victoire, miraculeusement, en disant : « Travaillez et Dieu travaillera. »

J'aurais pu lui dire qu'on fortifie un état d'esprit en le glorifiant, et qu'il est bon pour nous d'être dans une atmosphère à la Jeanne d'Arc.

Cette fille héroïque a haussé l'âme de ses contemporains : elle les a mis dans une disposition extraordinaire, elle a chauffé les cœurs à un degré d'enthousiasme qui est le génie des foules. Grâce à elle, durant quelques mois les Français se trouvèrent supérieurs à eux-mêmes et capables d'accomplir ce qui les dépassait la veille.

Comment s'y prit-elle? Il n'est pas aisé que nous distinguions ce qui pouvait remuer les âmes au temps de Jeanne d'Arc et leur faire donner tout ce qu'elles contenaient de force; mais, à la veille de la bataille de la Marne et quand Paris faillit passer sous la domination étrangère, nous avons tous compris que nous ne pourrions ni ne voudrions survivre à notre Patrie. « Cette fois, dit le chef, il s'agit de vaincre ou de mourir. » Et ce n'était pas assez qu'il discernât cette vérité et nous la fît entendre : il communiqua de grade en grade, au plus obscur soldat, la force d'agir conformément à cette pensée, cependant que lui-même, de bas en haut, recevait la certitude qu'il disposait d'une force invincible. Ainsi fut renouvelé le miracle. Au temps de Jeanne d'Arc et au temps de Joffre, la France se roidit et trouve en elle-même la force de se surpasser.

Élevé à ce degré de température morale, un peuple perd le sentiment d'insuffisance

qui, la veille, le faisait douter de lui-même ;
il comprend ce qu'il est en train de créer
(comme un artiste, dans un éclair, conçoit
l'œuvre qu'il va mettre debout) : il voit l'invisible et s'assure de l'avenir.

Une fois encore, nous allons accomplir des
actions miraculeuses, pourvu que nous soyons
bien persuadés que c'est en nous-mêmes que
nous devons trouver la force de parachever
notre tâche. Le plus lourd poids de cette
guerre gigantesque, nous l'avons porté, tout
seuls, à l'instant où, par dessus les héroïques
Belges, la Germanie entière a foncé sur
Paris. Aujourd'hui, les armées allemandes,
si puissantes qu'elles demeurent, sont diminuées, et l'Angleterre et la Russie vigoureureusement nous assistent. Dès lors, quel
doute avoir? Nous avons invité les neutres à
l'honneur de porter les derniers coups au
monstre et de prendre quelque bon morceau
de sa dépouille. Ils ajourneraient? Qu'ils
sachent que la récolte vient difficilement à
qui n'a pas semé et que le bénéfice est toujours en proportion des efforts. Elle vaut pour
tout le monde, la devise de Jeanne : « Aide-toi,
le ciel t'aidera. » Quant à nous, si nous
devions régler nos affaires en petit comité,
il y a de bons esprits pour croire qu'elles le

seraient mieux et presque aussi vite. L'Angleterre, la Russie, la Belgique, la Serbie et la France savent pouvoir faire par elles-mêmes leurs affaires et les affaires de la civilisation.

P.-S. — J'ai sur ma table, dans un entassement de travaux interrompus, un bel essai de M. Joachim Merlant, professeur à l'université de Montpellier, sur « la vie intérieure et la culture du moi », intitulé : *de Montaigne à Vauvenargues*. J'aurais voulu en parler et parler aussi des études très complètes de M. Merlant sur Senancour. Mais la guerre est venue. Laissons le professeur, le lettré, et parlons du capitaine : Attaqué dans sa tranchée, le capitaine Merlant. presque au début de l'action, a l'épaule gauche broyée, mais il demeure debout, commande ses hommes, assiste au succès, et hier, sur son lit d'hôpital, à Verdun, le général P... lui apportait la croix. Ses amis et ses lecteurs s'associent à sa joie, à sa fierté, et le prient de recevoir leur affectueuse admiration.

VI

A QUOI RÊVENT LES SÉNATEURS ? (1)

18 Mars 1915.

Tout le monde me le demande, et je leur transmets la question. L'armée attend cette *Croix de guerre* votée par la Chambre et que nos pères conscrits désirent certainement ratifier. Hésiteraient-ils ? Je crois plutôt qu'ils lanternent par habitude. Si le défaut de la jeunesse est la précipitation, l'extrême maturité pèche par un excès de circonspection.

Voilà une explication claire. J'en trouverais de plus obscures, qui ne laisseraient pas d'enfermer des vérités. On dit que certains de ces messieurs s'accommodent mal d'une France où les rubans académiques et les mérites agricoles tiendraient le rang secondaire.

.....Est-il possible ? Je ne reçois pas le secret de mes hauts collègues. Et par ce temps d'union sacrée je n'irai pas au plus inaccessible de leur être et dans la vie confuse de leurs sentiments involontaires.

Allons, messieurs les sénateurs, avec allé-

(1) Pour cette campagne commencée le 27 novembre 1915, voir *Les Saints de la France* et *La Croix de Guerre*.

gresse et rapidité, apportez votre hommage
aux braves et votre concours à leurs chefs.
Donnez à l'armée un utile instrument de
victoire. Créez cette « Croix de guerre ». C'est
à la fin de novembre que nous avons commencé de la réclamer, au milieu d'une opinion unanimement favorable. Fallait-il quatre
mois de méditation aux Assemblées pour dire
« oui » ? Nos soldats se font tuer ou estropier
en courant à l'ennemi ; ne pourrions-nous, à
notre tour, presser un peu le pas, les rejoindre à leurs cantonnements et leur apporter ce que nous leur avons promis ?

Nos retards donnent la plus vive déception
dans les tranchées, et nous perdons le bénéfice d'un insigne fait pour augmenter les
forces morales du combattant. Ce n'est pas
au lendemain de la paix que leurs chefs veulent décorer ces braves, c'est au jour le jour,
sur le champ de bataille.

Mais à qui la donneront-ils? Grande question, un peu douloureuse, que viennent de
poser les retouches et restrictions du Sénat.

Vous êtes au courant, n'est-ce-pas? D'ailleurs,
écoutez les centaines de lettres qui m'inter-
rogent, s'inquiètent, se plaignent.

Beaucoup parmi nos braves, ravis du vote de la
Chambre, attendent avec anxiété le vote du Sénat qui

leur permettra de porter sur leur poitrine le ruban vert qui dira à tous : « Celui-là est un brave. » Mais, hélas ! quelques-uns viennent d'avoir une cruelle déception en apprenant le vote de la Commission sénatoriale, qui ne veut accorder la Croix de guerre qu'aux seuls cités à l'ordre de l'armée.

Craint-on de décorer des soldats sans mérite suffisant, et des actions secondaires ? Tous me répondent :

Il n'y a pas de règle constante pour fixer à quel échelon une citation s'arrêtera. Tout dépend du caractère des chefs. Certains provoquent des citations à l'ordre de l'armée pour des actes que d'autres se bornent à citer à l'ordre de la division, et le généralissime l'ignore forcément. Il suffit de lire les motifs des citations à l'ordre de l'armée et de les comparer avec des motifs de citation à l'ordre de certaines divisions ou de certains corps d'armée pour voir que les mêmes faits sont récompensés différemment.

Je ne vous citerai qu'un exemple, mais bien caractéristique. Nous appartenons à un secteur dans lequel sont en ligne des éléments divers : infanterie, cavalerie à pied (groupe léger). Nous avons eu une affaire sérieuse en décembre dernier, quatre officiers se sont particulièrement distingués ; le commandant du secteur les a proposés tous les quatre — pour la même affaire — pour être cités à l'ordre de l'armée et pour la croix de la Légion d'Honneur.

Deux de ces officiers appartenaient à une division d'infanterie, deux autres à une division de cavalerie à pied. Le général de cavalerie a transmis la proposition pour ses deux officiers : ils ont obtenu l'un et l'autre la récompense. Le général de division d'infanterie n'a pas transmis la proposition et s'est borné à citer ses deux

officiers à l'ordre de la division, malgré l'insistance d
commandant du secteur qui, ayant assisté à l'affaire
avait fait ses propositions en connaissance de cause.

Personne n'a réclamé, ni ne réclame, aucun n'envi
ses camarades plus heureux ; mais trouvez-vous qu'i
soit juste qu'aujourd'hui les bénéficiaires de la citatio
à l'ordre de la division voient encore s'envoler la ré
compense que votre proposition et le vote de l
Chambre leur avaient fait espérer ?

Sur ce thème, mes correspondants son
unanimes et intarissables. Partout même
arguments. Seul le ton varie.

La proposition de la Commission du Sénat de limi-
ter les Croix de guerre aux citations à l'ordre de l'armé
est absurde ; elle a troublé nos troupiers, qui son
venus me porter leurs doléances.

Il y a des gens qui ont fait des choses *étonnantes* e
qui ont été récompensés par une citation à l'ordre d
corps (régiment ou bataillon) ou de la brigade ou divi
sion.

Exemples : capitaine Berthier de Wagram, deux fois
cité à l'ordre de la 56ᵉ division. la seconde fois, pou
avoir *en plein jour* poussé une reconnaissance jusqu'à 300 mètres des tranchées ennemies et à 700 mètre
en avant de nos lignes, malgré une fusillade insensée
des Boches, seul avec un adjudant qui a été blessé
mortellement à ses côtés.

Jamais plus de courage froid que dans cette aven-
ture. J'ai fait toute la campagne, je ne suis pas un
naïf, et je n'arrive pas à comprendre comment il n'a
pas été tué ce jour-là.

. . . .

Je crois qu'il n'y a rien à répondre à cette

sorte d'argument sur lequel reviennent tous
mes correspondants. L'un d'eux m'écrit :

Un de mes bons amis proposé pour une citation à
l'ordre de l'armée, n'a été cité qu'à l'ordre du corps
d'armée avec la mention suivante : « Commandant la
compagnie de tête de son bataillon le jour de l'attaque
d'Andechy, a brillamment enlevé sa compagnie et
entraîné le bataillon, lui faisant parcourir 800 mètres
sur un véritable glacis battu de front et de flanc par
les feux de l'artillerie et de l'infanterie ennemies.
A énergiquement maintenu sa troupe accrochée au
terrain, sans le moindre abri, de 11 heures 30 à
17 heures. Au moment de l'assaut, a saisi le fusil
d'un blessé et s'est porté à la baïonnette en tête des
premiers assaillants. »

Croyez-vous que cet officier n'a pas mérité de porter
sur sa poitrine la Croix de guerre, aussi bien que s'il
avait été porté à l'ordre de l'armée !.....

Il est certain qu'en raison du très grand
nombre de proposés et par conséquent, du très
grand nombre de braves, d'admirables faits
s'arrêtent au corps d'armée :

Beaucoup de colonels n'ont pas cru devoir proposer
leurs officiers, sous-officiers et soldats pour autre chose
que l'inscription à l'ordre du jour du régiment, simplement parce que les citations fussent revenues lentement et qu'il fallait récompenser sans délai l'acte de
bravoure. Qu'à partir de maintenant, la Croix de guerre
ne soit plus accordée qu'aux citations passées à l'ordre
de l'armée ou de la division, soit ! Voilà nos colonels et
généraux de brigade prévenus. Mais vous commettez
un grand nombre d'injustices si vous jugez que, dans

le passé, en ne communiquant pas en haut lieu leur citation, ils les ont déclarées indignes de la Croix de guerre, qui n'existait pas.

Je vous ai exposé l'état des choses et l'état d'esprit de l'armée. Maintenant, il faut conclure.

Je ne suis pas touché par le reproche qu'on nous ferait de prodiguer et de vulgariser la Croix de guerre. Croyez-vous que les Allemands distribuent parcimonieusement leur Croix de fer? Je suis bien plutôt effrayé du petit nombre des vivants qui pourront porter notre Croix de guerre, si elle est réservée aux citations à l'armée ! A quel faible chiffre vous allez atteindre, en regard des innombrables faits d'abnégation et de vaillance sublimes accumulés depuis huit mois par nos armées. Pourtant, il ne m'est pas permis de ne pas tenir compte d'objections qui viennent de haut. Alors, je propose un moyen de tout concilier, une transaction. Elle doit être bonne, car de tous côtés on me la recommande.

Les uns veulent réserver la Croix de guerre aux citations à l'ordre de l'armée, et, les autres, la distribuer plus largement à tous ceux qui ont été l'objet d'une citation du corps d'armée, de la division, de la brigade et même du régiment. Eh bien ! ajoutez une « agrafe » au ruban, comme cela se fait pour la médaille coloniale. Cette agrafe porterait les mots : armée, corps d'armée, etc. Au besoin celle portant « Armée », c'est-à-dire la première distinction, pourrait être en or.

Nous estimons, quelques camarades et moi, que ce serait le moyen le plus simple pour étendre cette marque distinctive à tous ceux qui se sont signalés, en ménageant toutefois une certaine gradation dans les mérites de chacun.

C'est une solution analogue que préconisent les *Tablettes des Deux-Charentes*, dans un article où leur rédacteur en chef sollicite cordialement mon intervention. Qu'en pense Driant? Ne croit-il pas qu'avec cette agrafe, nous pourrions accorder tous ses camarades de l'armée?

Pour moi, l'argument décisif, et dont je sens la force en feuilletant toutes mes lettres, c'est que la question n'est plus entière. Le *Bulletin des Armées de la République*, du 6 février, en première page, a porté la bonne nouvelle sur tout le front; il a souligné l'unanimité de la Chambre, et de bonne foi, tous ceux qui ont obtenu une citation, qu'elle fût du régiment, de la brigade, de la division, du corps d'armée ou de l'armée, ont vu se lever devant leurs yeux une espérance si forte et si voisine de la certitude que ce serait injuste et cruel de la décevoir. Il est difficile que le Parlement revienne du tout au tout sur son vote ; il est impossible qu'il laisse la question plus longtemps indécise.

VII

UNE DÉCISION DE L'ACADÉMIE

19 Mars 1915.

Je sors de l'Académie, où nous venons de prendre une belle et bonne résolution. Nous avons décidé d'attribuer, cette année, tous nos prix littéraires aux seuls écrivains morts pour la patrie, et de les déposer, à titre d'hommage, aux mains de leurs familles. Nous ne connaîtrons de poètes, d'historiens, de romanciers que ceux dont nous portons le deuil glorieux.

Et s'il est tel prix (par exemple celui qui devrait aller à l'auteur de la meilleure pièce jouée dans l'année au Théâtre-Français) qui ne puisse être réclamé pour aucun de nos soldats tombés au champ d'honneur, eh bien! il ne sera pas décerné. On attendra douze mois. C'est une variété de moratorium.

L'Académie veut ainsi marquer que pour elle, comme pour chacun des Français, rien ne compte que l'armée et la patrie; que, dans notre pays, toute la vie, à cette minute.

est suspendue d'admiration et d'amitié et de reconnaissance devant les héros; et que nous, les aînés, avec piété, nous voulons parer de ces jeunes gloires la gloire de la plus vieille et de la plus illustre Compagnie de France.

J'ai voté cette résolution, je m'y suis rallié, parce qu'elle est certainement noble et sage. Pourtant, j'avais une autre idée, que voici :

A ces morts dont nous sommes fiers, j'aurais voulu adjoindre des vivants dont nous devons être également fiers. J'aurais voulu que notre palmarès accueillît, mêlés comme ils furent dans l'assaut, comme ils demeurent dans notre haute reconnaissance, les morts et les survivants. Entre Charles Péguy et Ernest Psichari, j'aurais inscrit le nom de Jean Variot, leur jeune pareil; à Lotte, à François Laurentie, j'aurais joint leurs amis, les deux Tharaud et Louis Gillet. Georges Ducrocq et Louis Thomas, que j'ai vu déployer le plus subtil génie pour obtenir qu'on les engageât, je les rapprocherais de Frédéric Charpin, le défenseur du régionalisme, et du brillant Alain-Fournier, dont la souple fantaisie nous promettait un Charles Nodier. Binet-Valmer, qui, les armes à la main, a conquis sur le champ de bataille la nationalité française,

aurait voisiné avec les deux Cassagnac, l'u
mort, l'autre blessé et toujours combattant, e
qui, l'un et l'autre, au début de la guerre,
mirent en selle amicalement de la manière l
plus romanesque. Le caporal Henri Massis, qu
j'ai pu embrasser ces jours-ci, et dont un ordr
du jour nous dit : « Très brillante conduit
dans l'attaque d'une tranchée allemande, a
cours de laquelle il fut blessé à la main et a
pied », ne mérite-t-il pas les mêmes témoignages que le capitaine Léon Bernardin, éru
dit passionné de la Lorraine, et que le poèt
cher à Mistral, le lieutenant Lionel de
Rieux, morts l'un et l'autre en braves, à l
tête de leur troupe? Enfin, deux écrivain
socialistes, deux croyants au cœur généreux
à l'esprit noble, les frères Bonneff, l'un mort
l'autre, ses amis l'espèrent, vivant quoiqu
disparu, ne devraient-ils pas se retrouve
ensemble sur notre liste. Et Madelin, près d
Rambaud...

Mais voici un exemple frappant. Une revu
de jeunes écrivains nationalistes, la *Revu
critique*, compte, dans sa petite équipe d
rédacteurs, huit tués, deux disparus (et l'o
sait ce que ce mot peut vouloir dire) et hui
blessés. J'aurais voulu qu'il nous fût permi
de confondre sur notre palmarès ces compa

gnons d'études et de bataille et de ne pas
séparer un Pierre Gilbert, frappé de deux
balles dans une charge à la tête de sa section, et un Jean Rivain, qui marche dans
ses traces. La vie ne s'arrête pas. Des périls
et des sacrifices guerriers, elle sort plus forte,
plus haute, ennoblie. Il faut l'accueillir, la
glorifier et ne pas risquer d'être injuste
envers elle en lui préférant les morts. Par un
acte de volonté, je voudrais tant les prolonger,
les maintenir au milieu des vivants, ces
morts !

Et puis, nous aurions pu dire notre haute
estime à tels chefs, au général Maitrot, ce
prophète ; au colonel Boucher, ce propaga-
teur d'espérances, qui, à soixante-six ans,
fait la dure guerre des tranchées avec le feu
d'un jeune homme ; à notre cher ami le commandant Driant. Mon cher Driant, j'aurais
voulu vous faire la surprise d'un télégramme
vous annonçant, dans les tranchées de Lorraine, que l'Académie désirait couronner
l'ensemble de votre œuvre chère aux imaginations de toute la jeunesse.

Quel palmarès j'improvise là, au courant
de la plume, en oubliant les quatre-cinquiè-
mes des soldats-combattants dont les lettres
sont fières !

Ils sont trop ! C'est la raison qui, je crois, a décidé l'Académie à se borner comme j'ai dit. Le projet qui, en fin de compte, nous a ralliés à l'unanimité, offre le grand avantage d'être très simple et très clair. Il nous enferme dans des barrières solides. Cela n'est pas mauvais, j'en conviens, pour des décisions à prendre en commun.

A tout prendre, ce qui me gêne, ce n'est pas que nous ajournons notre hommage aux écrivains-soldats survivants de la Revanche. Toute leur vie, ils recevront l'hommage auquel ils sont en train de se créer des droits. Je m'inquiète plutôt au sujet de tant de morts à qui nous ne pouvons pas rendre nommément nos devoirs et dont les familles peuvent se dire : « Il valait les autres ; comme eux, il a fait son sacrifice. Est-il délaissé ? »

Quelqu'un me donne à lire une belle lettre, signée Mayniel, écrite par un jeune soldat, à la veille de l'affaire de Saint-Vincent-Rossignol, où il disparut et où tomba Ernest Psichari.

Je t'adresse ces quelques lignes, écrit-il à son père, à ton bureau et non à la maison, afin de ne pas chagriner inutilement maman et mes sœurs. A toi, je peux dire, comme toujours, la vérité. Les dernières nouvelles qu'on nous communique ce soir sont un peu inquiétantes. Une partie du corps colonial vient de recevoir mission d'arrêter une grosse armée allemande qui descend vers le sud de la Belgique pour entrer en France. Nous réussirons ou nous resterons sur place. Il le faut.

Ainsi parlait cet enfant au cœur solide, et depuis sept mois nulle nouvelle. Et celui qui me communique cet adieu, de me dire :

..... Pour un Psichari, son voisin de combat, pour un Péguy que vous signalez justement au respect et à l'admiration de la foule, combien d'officiers et de soldats resteront inconnus, et s'allongeront dans la funèbre couche, héros et martyrs anonymes, sans recevoir le baiser consolateur de la gloire.

Eh bien! non, c'est une pensée et une amitié plus larges qui nous animent. Quand nous honorons nos frères de lettres, nous entendons aller plus avant que leur individu et mettre à l'honneur les idées qu'ils servaient, nos sentiments héréditaires qui leur sont communs avec tous leurs compagnons d'armes.

Les écrivains sont, en quelque mesure, les guides de la nation, mais ils en sont en même temps les secrétaires. Ils écrivent sous la dictée de leurs concitoyens, en même temps qu'ils propagent des manières de sentir. L'Académie a tenu à marquer par sa résolution de ce jour qu'elle estime l'écrivain dans la mesure où, corps et âme, il met ses forces au service de la patrie. Elle a voulu présenter tout ce qu'elle a d'hommages aux soldats de la France.

VIII

LE RESPECT AUTOUR DES BLESSÉS

20 Mars 1915.

Autour des soldats mutilés, c'est une émotion générale d'amitié et d'admiration, à chaque pas, dans la rue même. Aux Champs-Élysées, vous pouvez voir les enfants qui jouent au blessé : l'un deux, un petit garçon, boite, et les petites filles le soutiennent, l'entourent, lui font des révérences. Un invalide veut-il traverser la chaussée ? C'est à qui le guidera. Quelques blessés m'ont dit en souriant qu'ils étaient gênés par d'excellentes personnes qui les abordent, les questionnent, leur offrent même de l'argent. C'est que tous les passants ont dans leur cœur le mot de la bonne vieille de Déroulède : « J'ai mon gas soldat comme toi ». Dans une quantité de lettres que j'ai brûlées, des jeunes filles m'exprimaient leur désir d'épouser des invalides de la guerre. Enfin, le caractère populaire de notre souscription est tout à fait frappant. Tandis que peu de grosses maisons et de grandes banques font les sacrifices auxquels, en d'autres circonstances, elles se croient obligées, l'élan des particuliers et des plus modestes est admirable.

Que dites-vous de cette servante qui, de Vesoul, m'envoie sa souscription dans les termes que voici :

Pardonnez à une pauvre fille, domestique, la liberté qu'elle prend. Tous les soirs ma journée finie, j'ai la permission de lire l'*Écho de Paris*... Enfin, aujourd'hui, je suis contente de pouvoir vous envoyer, pour nos chers et glorieux mutilés, vingt francs, représentant un mois de mon travail. C'est bien peu, et je regrette tant de ne pouvoir faire plus. Nous devons tellement à nos vaillants défenseurs. Veuillez avoir la bonté de les inscrire anonymement : Dieu et Patrie! en souvenir de mon frère chéri, mort pour la France.

Et tenez, ce matin encore, c'est un chèque de huit cent soixante francs que je reçois, produit d'une souscription ouverte entre les gardes des voies et communications, officiers, sous-officiers, caporaux et soldats, tous territoriaux de la région de Dun-sur-Auron, dans le Cher. Et leur capitaine, en me faisant parvenir cette somme pour *La Fédération des Mutilés,* m'écrit :

Je tiens à vous dire combien ces braves gens, qui sont au nombre d'environ 850, ont dû se priver pour réunir cette offrande, fruit d'économie sur l'ordinaire de leur poste. Ils font ainsi montre de cet admirable solidarité française que vous signalez si souvent. Puisse cette guerre terrible, dont nous ne sommes, nous les vieux, que les comparses, ramener dans notre chère France l'union et la concorde, dont nous aurons besoin après la guerre tout autant que maintenant. Il n'est pas possible que les dangers partagés, les souffrances endurées ensemble n'amènent pas cet apaisement indispensable.

C'est une amitié universelle et admirable. Pourvu qu'elle dure! dira-t-on. Je ne doute pas de sa durée et que, de mois en mois, elle ne s'élargisse, ne se consolide, ne se fasse plus organisatrice.

Nos soldats, vous souvenez-vous, au moment sublime de la mobilisation (ce fut notre première victoire), comme nous les aimions quand ils sont partis, jeunes, pleins d'entrain, chargés d'espérances, au milieu des acclamations. Nous les avons revus dans les tranchées, barbus, enroulés dans des cachenez, vêtus de boue, bottés de paille, et, tout au loin dans la campagne, des croix de bois étaient coiffées de képis. Enfin, le jour viendra qu'ils défileront sous l'Arc de Triomphe de l'Étoile, pendant des jours et des jours, et les glorieux mutilés seront du triomphe, traînés sur des chars pavoisés de drapeaux.

A ce moment de l'apothéose, la France dira aux armées : « Vous rentrez en maîtres, en sauveurs, dans la maison nationale. Rien n'existe ici que par votre héroïsme, prenez largement votre part ».

Que réclameront-ils, nos soldats? C'est encore un mystère et pour eux et pour nous. Ils diront, je crois, qu'ils veulent qu'on maintienne cette union, cette paix morale qu'ils avaient su établir entre eux dans la tranchée, sous le commandement des plus dignes. Ils diront encore qu'il faudrait que nul ne souffrît désormais de la misère et qu'il y eût dans la fortune publique, sauvée par leurs soins, une part plus large attribuée au travail.

A chaque fois que l'esprit de querelle ou le froid esprit d'égoïsme réapparaîtront pour s'opposer à ces justes désirs des héros, il suffira que l'on fasse avancer l'armée invincible des invalides de la grande guerre. Nul ne pourra résister au reproche sanglant que seraient, par leur seule présence, ces blessés, ces mutilés, ces amputés, ces aveugles, si nous étions envers eux coupables d'ingratitude et si nous annulions l'effet de leur admirable amitié des tranchées.

D'où vient leur toute puissance qui ne fera que grandir? Ils ont souffert pour nous. Et puis, ils nous éblouissent par leur élévation morale, par leur qualité d'âme.

Une jeune fille, en remettant à l'*Écho de Paris* un paquet pour nos soldats, y glisse une lettre d'envoi. Lettre, lainages, vêtements chauds vont aux mains d'un combattant qui remercie. Peu après il est gravement blessé. Et hier, sur le lit de l'hôpital, à Nantes, où il achève sa vie, ce héros n'imagine-t-il pas qu'il a une obligation de reconnaissance! Il écrit à cette jeune fille qu'il n'a jamais vue l'admirable lettre que voici. (Communiquée par M. Loichemolle, greffier à la Cour d'appel de Paris.) Peut-être en avez-vous lu d'aussi belle. De plus belle, c'est impossible.

Chère demoiselle,

D'ici quelques jours, peut-être même quelques heures, je serai dans le royaume des glorieux disparus de la guerre. J'attends la mort qui me délivrera des souffrances horribles que me causent deux cruelles et affreuses blessures. Avant de partir, je liquide mes dettes d'affection et de reconnaissance, et je ne veux pas vous oublier dans mes adieux, car vous avez été bonne, vous dont les doigts habiles m'ont confectionné de chauds vêtements. Merci de tout cœur. En retour, du haut du ciel, je veillerai sur vous. Adieu!

Surtout, ne pleurez pas les petits soldats de France qui se sont vaillamment battus et qui ont joyeusement donné à la Patrie le meilleur d'eux-mêmes : leur cœur et leur sang. Ne les pleurez pas. Pensez à eux, apportez sur leurs tombes des fleurs et des rubans aux trois couleurs bien chères. Priez pour eux.

Adieu, et vive éternellement la France !

Georges X...

Voilà donc à quel degré est montée l'âme de nos soldats. Ce serait notre rôle de saisir et de mettre devant les yeux de l'Univers tant de beautés morales. On se désespère de si mal remplir cette tâche. Mais l'esprit le plus robuste y échouerait, tant la matière est surhumaine.

Nous avions été dressés à admirer des hommes qui s'étaient détruits eux-mêmes en se livrant à la passion d'éprouver la vie ou bien à la passion de comprendre. Les maîtres élus de notre jeunesse étaient des audacieux animés par les tempêtes romantiques ou par l'excès du travail cérébral. Ces génies s'étaient employés à se ruiner eux-mêmes. Mais voici que par milliers nous rencontrons une nouvelle sorte de victimes de leur supériorité. Supériorité morale, cette fois. Ces génies du cœur, hardis et soumis, nous frappent d'étonnement d'abord et puis d'une admiration respectueuse, et ils nous ouvrent l'horizon sur un ciel inconnu.

Le sentiment que j'essaie d'indiquer là, avec des nuances trop particulières, est partagé par tous nos concitoyens. La piété qui règne dans toute la nation, à cette minute, autour de nos héros malheureux, révèle le caractère de cette guerre. Pour nul de nous, ce n'est une guerre de gloire, mais de salut public. Rien de brillant dans les tranchées. Nos soldats souffrent pour la France et sont là, comme un grand ordre religieux, acceptant de se sacrifier, prenant leur place dans un mystère dont ils ne peuvent concevoir le sens. Nous ne les rapprochons jamais des soldats de l'épopée africaine, ni de la Grande-Armée. C'est autre chose. Ils sont des purs qui pâtissent pour nous. Nous les aimons et respectons comme nos supérieurs, comme nos sauveurs d'aujourd'hui et de demain.

IX

L'ÉCHEC DU PIRATE DES AIRS

22 Mars 1915.

Le grand spectacle que Paris attendait avec une curiosité méprisante s'est déroulé la nuit dernière d'une manière assez médiocre.

Pour ma part, vers les une heure et demie du matin, j'ai été réveillé par une série de détonations précipitées et de plus en plus proches qui causaient une immense surexcitation parmi tous les chiens de Neuilly. Courant à ma fenêtre, j'ai aperçu, dans le plus beau ciel, du côté de Paris, un feu d'artifice au milieu des étoiles. Un brasier mouvant d'étincelles, poursuivi par les longues traînées des projecteurs et par la trajectoire des obus. Une chose oblongue, un cigare brillant fuyait. C'était le Zeppelin. Ayant voulu descendre assez bas pour accomplir son brigandage, il était entouré de fusées éclairantes qui le désignaient aux coups de l'artillerie. Les détonations se succédaient, à intervalles de plus en plus pressés, auxquelles se joignirent quelques fortes explosions. Puis, rapidement, le pirate disparut dans la direction d'Enghien, tandis que les sonneries des clairons parcouraient les rues obscures, et les animaient.

Était-ce fini ? Non ! Une demi-heure après, le criminel a réapparu au milieu de son cortège de feux et de vacarme. Il est parvenu, m'a-t-il semblé, à se dissimuler un certain temps, une dizaine de minutes ; puis, retrouvé et débusqué par nos fidèles gardiens du ciel, il s'est découragé et enfui.

A quoi cela rime-t-il ? A nourrir les conversations en Allemagne. C'est une douceur pour les gens d'outre-Rhin ; c'est un peu de confiture à mettre sur leur pain K. K. Tout au long des lignes de combat, Anglais et Français, nous prenons la supériorité sur nos ennemis. Notre poussée obtient des succès constants, et, pas à pas, ils reculent, en sont réduits à se réjouir de n'être pas encore crevés. Pour distraire son peuple de ce triste spectacle des tranchées où, sans jamais avancer, ses soldats s'épuisent, le Kaiser l'invite à regarder en l'air. C'est le procédé bien connu des escamoteurs. « Là-haut regardez, donc ! voyez-vous notre Zeppelin qui survole Paris ? »

L'opération est politique. De nul intérêt militaire. Un brigandage pur et simple, que nous nous interdisons d'accomplir, comme il nous serait aisé, au-dessus des populations non armées du Rhin. C'est, en outre, un échec décisif. Les aviateurs allemands n'ont rien épargné pour donner un sens à ce raid retentissant. Qu'en ont-ils obtenu ? Absolument rien. La nuit dernière vient de nous fixer d'une manière toute satisfaisante sur la bonne humeur de Paris, sur la vigilance de nos veilleurs et sur l'impuissance de la flotte aérienne allemande, considérée comme instrument de destruction.

Les Allemands se disaient à même d'incendier Paris. La circonstance leur a donné accès dans notre ciel ; ils sont venus comme des voleurs, durant notre sommeil, et, n'était leur tapage, nous n'en aurions rien su. En une nuit, ils viennent de ruiner dans l'esprit de tous le prestige de leurs oiseaux de guerre.

Les qualités allemandes d'organisation sont tout à fait remarquables. Et, quand nous serons vainqueurs, après une paix glorieuse, elles devront encore exciter notre émulation. Même après la victoire, nous serions des vaincus si nous ne retrouvions pas la faculté que nous avons eue éminemment à d'autres époques, et dans le premier quart du dix-neuvième siècle, le goût et le don d'encadrer notre activité dans des vues d'ensemble. Depuis huit mois, nous constatons, à notre dam, la merveilleuse préparation de la guerre qu'il y avait chez ces gens-là. Bonaparte disait qu'il ne faut jamais diminuer ses adversaires. Nous sommes unanimes à reconnaître l'aptitude extraordinaire des Allemands à l'organisation méthodique.

Dès le mois d'août, une description a été faite par un journaliste américain d'un corps d'armée en marche contre la France, description si vivante que nous considérons qu'elle doit devenir un des textes classiques de cette guerre :

Pendant cinq heures de suite, allant toujours à l'allure d'un train express, nous passâmes en automobile entre des murs de soldats en marche.

Nous passâmes régiment après régiment, brigade d'infanterie après brigade, ensuite des hussards, des uhlans, des cuirassiers, des batteries de campagne, puis encore de l'infanterie, encore des canons de campagne, des ambulances, puis des canons de siège traînés par trente chevaux, du génie, un corps de téléphonistes, des chariots de pontonniers, des automobiles blindées, encore des uhlans, encore de l'infanterie en casque à pointe, tout cela coulant aussi irrésistiblement qu'un grand fleuve, tous les visages tournés vers la France.

Toutes les éventualités semblent avoir été prévues.

Les cartes de Belgique dont est pourvu chaque soldat, sont les plus beaux spécimens de topographie que j'aie jamais vus, portant tous les sentiers, toutes les fermes, tous les bâtiments, tous les bouquets d'arbres.

A un certain endroit, un énorme fourgon militaire,

contenant une imprimerie complète, était arrêté au bord de la route, et on y imprimait et distribuait aux soldats qui passaient l'édition du matin du *Deutsche Kriger* (sic) *Zeitung*.

Des cuisines de campagne circulaient le long des lignes en servant de la soupe et du café fumants aux hommes qui tendaient des tasses de fer-blanc, qu'on leur remplissait sans qu'ils eussent une seule fois à rompre le pas.

Il y avait des chariots pleins de cordonniers militaires, assis à la turque, en train de raccommoder les souliers des soldats.

D'autres chariots, qui avaient toute l'apparence de simples chars de ferme à deux roues, cachaient sous la courbure de leur bâche neuf mitrailleuses, qui pouvaient en un instant être mises en jeu.

Le corps médical était magnifique, aussi pratique et parfaitement équipé que l'hôpital d'une grande ville. Des bicyclistes, portant des rouleaux de fils isolateurs, suspendaient des téléphones de campagne d'arbre en arbre, si bien que le général qui commandait pouvait parler avec n'importe quelle partie de cette colonne longue de cinquante milles.

L'armée ne dort jamais toute à la fois. Quand une moitié se repose, l'autre moitié avance.

Les soldats sont traités comme de précieuses machines, qui doivent donner le maximum de rendement. C'est pourquoi ils sont bien nourris, bien chaussés, bien vêtus et soignés comme un muletier nègre soigne ses mules. *(Traduit par Émile Legouis).*

C'est exactement le début des *Perses* d'Eschyle. « Toute l'armée, cavaliers et hommes à pied, comme un essaim d'abeilles, s'en est allée avec le chef des troupes... » Cette page américaine décrit avec une vérité saisissante la force de nos adversaires. Mais il reste une autre page à écrire sur ce qui advint de ce prodigieux départ. Et l'on commence à voir clairement, dans l'Univers entier, que tout cela finira comme la tragédie sublime d'Eschyle. Je disais ce matin au directeur du Théâtre-Français : Mettez donc à la scène ce vieux chef-d'œuvre, avec Mme Bartet et Mounet. Vous ne trouverez rien qui soit plus d'actualité et qui prophétise plus noblement le triomphe de la France, héritière et gardienne de la haute humanité.

Certes, l'outillage des Allemands est puissant et curieux. Ils ont merveilleusement réglé les ensembles et prévu une multitude de détails. Ils se sont posés tous les problèmes les plus audacieux et les ont résolus pour se porter sur terre, sur mer et dans les airs, avec un parfait cynisme, aux extrêmes limites du possible. C'est le chef-d'œuvre de l'imagination méthodique. Mais il y a beaucoup de virtuosité dans leur affaire. Le journaliste américain qui les admirait si fort au départ, ne commence-t-il pas à s'apercevoir que, dans cette réglementation et dans cette technicité « scientifiques », il y a pas mal d'ingéniosité vaine et d'outrance inefficace? Ils semblent se com-

plaire souvent à porter au dernier échelon du
« colossal » certaines de ces inventions que
les journaux d'enfants publient sous le titre
d'*amusements scientifiques*. Jules Verne et
Wells ont été furieusement lus par les officiers
allemands (de même les romans policiers ont
surexcité leurs ignobles dispositions nationales à l'espionnage). S'ils ont tout prévu,
sauf le pain, ils y perdront, en plus de la
rive gauche du Rhin, la réputation de leur
génie méthodique.

X

UNE LETTRE DU MINISTRE
SUR LES ALLOCATIONS

25 Mars 1915.

Nos lecteurs ont bien voulu suivre ma campagne des allocations, ma campagne pour
secourir fraternellement certaines familles de
mobilisés, à qui, çà et là, on fait mauvaise
justice.

J'ai composé un dossier et je l'ai remis au
Ministre de l'Intérieur. Voici la réponse, du

plus vif intérêt, que **M.** Malvy me fait l'honneur de m'adresser, et qui témoigne d'un véritable esprit national. A Paris et au Gouvernement, les choses ne peuvent pas se passer comme elles vont quelquefois dans la mairie d'un magistrat tyranneau et dans le prétoire de l'homme-fumier (vous savez, celui de l'Ardèche, qui insulte les pauvres femmes). En temps de paix, les rancunes électorales, les partis pris politiques, tous les sectarismes sont mal excusables, mais aujourd'hui et contre les familles sans défense de nos soldats, ce sont des crimes. Le Ministre n'en veut pas. Il réparera les fautes et, s'il y a lieu, sévira. Écoutez-le :

Monsieur le Député et cher Collègue,

Vous avez bien voulu, comme suite aux articles que vous avez consacrés dans l'Écho de Paris aux familles de mobilisés non admises au bénéfice de la loi du 5 août 1914, me faire tenir 1.300 fiches classées par département et résumant les indications qui vous ont été directement adressées par ces familles ou par des personnes intervenant auprès de vous en leur faveur.

J'ai l'honneur de vous faire connaître que je viens de parcourir personnellement la plupart de ces pièces. Cet examen m'a permis de constater que, d'une manière générale, les Commissions, sur l'intervention de l'administration préfectorale, s'étaient conformées à mes instructions, sauf pour certaines situations particulières, qui peuvent motiver des différences d'appréciations. Parmi celles-ci, toutefois, il en est dont la revision s'impose sans retard.

C'est ainsi que vous me signalez comme n'ayant pu obtenir l'allocation journalière, des familles réfugiées dans l'Aisne, l'Allier et l'Ardèche, motif pris de ce qu'elles sont propriétaires de terrains ou les exploitent à titre de fermiers.

Or, ou bien les terrains ont été ravagés par l'ennemi, ou bien les fermes sont louées à un prix fort modique variant entre 100 francs et 670 francs.

De même, des demandes d'allocations auraient été rejetées parce que les pétitionnaires sont couturières et gagnent à ce titre 0 fr. 75 par jour (Aveyron), ou bien parce que les Commissions ont estimé que les demandes étaient trop nombreuses (Côtes-du-Nord), ou encore parce que le patron devrait nourrir les femmes de ses ouvriers (Côte-d'Or), etc...

Enfin, le nombre de majorations correspondant à celui des enfants n'aurait pas toujours été attribué : dans l'Ain, par exemple, une famille de onze enfants, dont l'aîné a seize ans, recevrait seulement trois majorations.

Comme vous, j'estime que des mesures de réparation doivent être prises sans délai. Il importe que la loi et les circulaires qui l'ont interprétée soient strictement observées et que le même esprit qui a animé le législateur guide les Commissions dans l'application des textes.

Vous pouvez être assuré qu'à cet égard je ne tolérerai ni abus, ni injustice, et que je saurai prendre, le moment venu, les sanctions nécessaires.

Je dois ajouter que je donne à mes services les instructions utiles pour que, sous quarante-huit heures, les fiches que vous m'avez adressées soient transmises aux préfets, non seulement pour que ceux-ci examinent personnellement les raisons pour lesquelles les familles intéressées ont été privées du bénéfice de la loi, mais aussi pour qu'ils fassent usage du droit de recours que je leur ai conféré, c'est-à-dire qu'ils prennent l'initiative de pourvois réglementaires, soit devant les Commissions d'appel, si celles-ci n'ont pas encore été appelées à statuer, soit devant la Commission supérieure.

Je vous tiendrai au courant, pour chacune

des affaires que vous m'avez signalées, de la décision qui aura été prise.

Veuillez agréer, monsieur le député et cher collègue, l'assurance de ma haute considération.

Le Ministre de l'Intérieur,

MALVY.

Cette lettre semble mettre fin à ma campagne publique de réclamations. Dès l'instant que celles-ci doivent être examinées en toute équité par des hommes soustraits aux influences locales, il est inutile que j'encombre et que j'irrite avec des cas particuliers l'esprit des lecteurs. Je suis l'ennemi des vaines récriminations. Si le ministre nous écoute, et s'informe, et fait le bon Haroun-al-Rachid (vous savez, le sultan qui s'informait par lui-même), nous nous déclarerons satisfaits. Aussi bien fallait-il en finir. Dans certaines régions, les esprits s'agitent. J'ai là sur ma table une pétition de Mme Maître, qui habite un petit village de la Charente-Inférieure. Tous les paysans, ses concitoyens, viennent de signer pour dire qu'elle est pauvre, malheureuse, qu'on lui fait tort en lui refusant l'allocation. Mais écoutez-la, qui s'explique dans un papier qu'elle me charge de remettre au Ministre :

Ma demande d'allocation journalière a été refusée suivant avis de M. le sous-préfet de Saintes, en date du 3 décembre 1914, sous le motif de « situation aisée », et, par lettre du 29 janvier 1915, M. le sous-préfet déclare qu'il lui est impossible de présenter la demande devant la commission d'appel, toujours pour le même motif.

Or, j'ai dit et je redis : « Je ne possède rien et ai à faire vivre mes vieux parents pour le quart du temps. Ils ne possèdent rien non plus ; c'est mon mari, journalier avant son départ pour la guerre, qui était notre gagne-pain à tous. »

A la sous-préfecture de Saintes, on ne veut pas croire à ma parole ; aussi, pour prouver que je dis vrai, je fais appel à la population entière de ma commune, qui, par une signature de chacun apposée ci-dessous, affirmera la sincérité de ma déclaration.

Et c'est vrai, tout le Conseil municipal, toute la commission d'assistance, tous les électeurs présents de la commune, et puis toutes les femmes des mobilisés (cette dernière catégorie est bien touchante), viennent donner raison à cette pauvre femme contre le sous-préfet.

Pour régler tous les cas analogues, nous avons confiance dans la promesse du Ministre et dans l'esprit national de la haute Commission qu'il a nommée. Je vois que celle-ci est doublée en nombre. C'est qu'en effet le travail est immense. D'un bout à l'autre de la France, le personnel chargé de cette tâche

est débordé. Et voilà, sans doute, l'explication d'un grand nombre des injustices commises. Le plus grand nombre des plaignants
(dès le premier instant, je l'ai observé) s'attristent ou s'irritent, surtout du silence et de
ne pas recevoir de réponse à leurs demandes
et réclamations. Eh bien ! pourquoi ce silence?
Est-ce méchanceté? Non pas. Négligence? Je
suis convaincu qu'il y en a beaucoup moins
en France depuis huit mois et que chacun,
dans tous les ordres, cherche à faire au
mieux. L'explication, mes correspondants
s'accordent à me la donner, et l'un deux
m'écrit :

Vous avez sollicité récemment l'avis de ceux qui ne
sont pas de vos amis. C'est un adversaire déclaré de
vos idées qui vous écrit, sachant rendre hommage à
votre bonne foi.

Cet homme me plaît. Je suis disposé à
croire qu'il a du jugement. Toute sa lettre
fort longue nous intéresserait. Je n'en puis
retenir, faute de place, qu'un point :

Les juges de paix qui président les Commissions cantonales n'ont plus de greffiers, pour la plupart ; leurs
décisions ne sont pas rédigées, et on n'en sait pas les
motifs. Les mairies n'ont presque plus de secrétaires.
Les préfectures ont perdu huit ou neuf employés sur
dix. Nos Commissions n'ont personne pour enregistrer
leurs arrêts, et nous faisons cette besogne nous-mêmes.

Les enquêtes sur la situation des familles étaient confiées, avant la guerre, à l'impartialité des gendarmes; il n'y a plus de gendarmes. Notre département n'a plus qu'une douzaine de gendarmes territoriaux.

Même note, même lumière fournies par un autre correspondant, un Lyonnais:

Les allocations ne marchent pas; elles ne peuvent même pas marcher. Il y a sans doute, pour les empêcher, et le vilain maire et l'homme-fumier, et il fallait que ce fût dit, comme vous l'avez dit. Mais il y a surtout le *fonctionnaire-fantôme!*

Il y a aujourd'hui des préfectures, et non des moins importantes, où il n'existe plus que le préfet, un chef de division (sur trois ou quatre) et un ou deux chefs de bureau, avec quelque six ou sept subalternes. Or, c'est à ce personnel squelettique que parviennent journellement de 150 à 250 lettres de réclamations au sujet des allocations. Ces lettres sont souvent peu claires, parfois peu lisibles, et se réfèrent à des dossiers dont le nombre dépasse *cent mille* dans certaines préfectures. Même matériellement, il y a impossibilité de répondre. Même si l'administration était veuve de toute autre affaire que celle des allocations, elle ne pourrait, avec ce personnel, faire face au dixième de la question.

Il y a des gens qui s'étonnent de ne pas recevoir de réponse à leurs lettres à l'administration : mais savez-vous, cher monsieur, que l'on ne répond plus, à l'heure actuelle, de préfet à préfet? Des questions urgentes, trois fois posées et rappelées par une préfecture, ne reçoivent aucune solution de la préfecture avisée!

Pendant les vacances scolaires, on tenta de remplacer le personnel absent par des professeurs ou instituteurs. Ils ont disparu à la rentrée des classes. Alors, ici, on a recours à des jeunes filles, payées 60 francs par mois. Ailleurs, on reçoit une belle équipe toute neuve d'employés suppléants, sous forme d'une section de soixante militaires présentés par un sergent...

Ici, je m'arrête. Nous voici tangents aux *arcana regni,* aux secrets du régime, au grand problème du choix des embusqués par les administrations.

Bref, les vieux fonctionnaires, restés à leur poste de par leur âge, sont surmenés, débordés, découragés. Le préfet, qui n'en peut mais et qui est lui-même excédé, leur dit : Débrouillez-vous ! Au contraire, tout s'embrouille. Tel est du moins le danger.

J'ai le sentiment, après la lettre du Ministre, que nous avons fait un grand pas. mais la machine administrative, même pourvue de toutes les bonnes volontés, est enrayée, a des rouages brisés, absents. Allez voir derrière la façade ! A plusieurs reprises, ayant voulu intervenir pour des cas particuliers, le coup de sonde que je donnai aboutit toujours au même creux.

« C'est la guerre, peut-on me répondre. Elle nous a surpris. Nous nous en tirerons à coups de génie ». Eh bien ! s'il s'agit des allocations et de l'appui à donner aux familles de nos soldats, le génie qui tirera d'affaire nos administrateurs, dans un grand nombre de cas, c'est le génie du cœur. Tout n'ira pas trop mal si chacun se met à aimer ses adversaires de la veille, dès l'instant qu'ils sont soldats de la France.

XI

CHEZ LE PRÉSIDENT DU CONSEIL

24 Mars 1915.

Je sors d'une conversation, au Ministère des Affaires étrangères, avec le Président du Conseil. Les députés de Paris sont allés causer avec M. Viviani des vaines tentatives opérées sur la ville par les Zeppelins. Première tentative sans effet, dans la nuit de samedi à dimanche ; deuxième tentative, nettement arrêtée, dans la soirée de lundi.

C'est bon à la population d'opposer la plus parfaite indifférence ou une curiosité amusée aux grands jouets ingénieux et criminels de la Germanie, mais ceux qui sont chargés, à un degré quelconque, des intérêts de la capitale, doivent se préoccuper des outrages qu'elle subit et du péril couru par les femmes et les enfants.

Donc, nous avons demandé un rendez-vous au chef du Gouvernement, pour lui dire ·

« Quels sont les moyens de défense contre les Zeppelins, et comment compte-t-on s'en servir ?

» Qu'avez-vous comme canons, projectiles et servants ?

» Et comment employez-vous les avions ? »

Voilà nos questions principales. J'ai bien la liberté de les reproduire, mais non de donner les réponses, encore qu'elles soient de nature à satisfaire la population.

Je ne puis, comme membre d'une collectivité, établir à moi seul le compte rendu d'une importante conversation. Il ne vaudrait que contrôlé et accepté par le Président du Conseil et le groupe de Paris. Et l'on reconnaîtra que c'est inutile d'exposer tout au long les précautions prises, les moyens assurés.

Une partie sérieuse de l'organisation était déjà excellente. Les avertisseurs notamment avaient très bien fonctionné. Les Zeppelins, très à l'avance, ont été signalés. En d'autres points, le système a été reconnu défectueux et, tout de suite, a pu être amélioré.

Quelque chose qui ne manquera pas de frapper les esprits, c'est que la seconde tentative des Zeppelins a échoué.

Pas assez, toutefois. Les empêcher ne suffit pas. Il faudrait les punir. Il faudrait qu'un de leurs grands cadavres s'abattît sur le sol.

Mais laissons-là Viviani. Laissons les chefs militaires combiner la répartition de leurs forces et tirons des événements une moralité qui s'impose à nous tous. Une fois encore, faisons l'examen de nos méthodes de gouvernement et, plus avant, le *mea culpa* de notre nation.

C'est la France, avec son brillant et profond génie, qui a mené dans les airs les premiers et les plus habiles conquérants. Vous rappelez-vous ? Et alors, pouvions-nous croire que le ciel de Paris serait insulté, impunément insulté ?

Où sont nos dirigeables ?

Que peuvent nos avions ? Que nous manque-t-il donc ?

La méthode, l'effort organisateur, la patience et la constance.

Les premiers, nous gagnons la cime. Nous ne savons pas nous y tenir. C'est un poste, semble-t-il, où nous nous ennuyons, d'où nous partons par lassitude, pour nous intéresser ailleurs. Vienne l'instant, la crise ; ô surprise, nous manquons à l'appel.

Il n'est pas un Français à qui il soit permis

d'ignorer (malgré les brouillards dont nos héros sont enveloppés, malgré l'extraordinaire anonymat de cette guerre) les services rendus, depuis huit mois, par nos aviateurs. Nous ne leur marchandons pas notre admiration, non plus que notre reconnaissance. Chaque jour, sur le front des armées, ils affrontent la mort, renseignent leurs frères d'armes et se sacrifient. C'est entendu. Saluons. Mais, tout de même, au début de la campagne, nous avons, tous, été douloureusement surpris de voir ce qu'étaient les forces aéronautiques de l'Allemagne.

On se demande souvent, c'est un des thèmes qui nourrissent les conversations, ce qu'il adviendra de la France après la guerre. « Croyez-vous qu'il y aura quelque chose de changé ? » C'est un propos aussi fréquent que, depuis trois jours : « Avez-vous vu les Zeppelins ? » Je crois que nous sortirons de cette tragédie profondément convaincus que notre faute est de manquer, en toutes choses, d'entente et de concert, bref, d'organisation. Dans notre pays, si merveilleusement doué d'intelgences rapides et fortes, voilà l'aspect le plus fréquent du péché contre l'Esprit. Si rudement avertis par les événements, nos soldats vont revenir de la guerre ayant retrouvé l'ancienne raison française, la faculté de coordonner nos efforts et de mettre notre activité dans une forme fixe.

Je le crois, j'en suis sûr. Cela arrivera dans la France de demain. Mais faut-il attendre la paix et, parmi tant de redressements qu'avec son élasticité prodigieuse la France, depuis huit mois, exécute, ne pourrons-nous pas inscrire un beau raid de nos avions-gendarmes poursuivant et jetant à terre, par leurs efforts combinés, les Zeppelins-bandits? Ce serait pour les Parisiens une vive satisfaction d'amour-propre, disons plus : l'indispensable revanche. Moins difficile à obtenir, Monsieur le Président du Conseil, que la victoire de la Marne.

XII

A LA GLOIRE DES SERBES

25 Mars 1915.

On les fête demain à la Sorbonne, et vendredi, c'est « la journée scolaire serbe ». Bonne occasion pour nous rappeler ce qu'ils ont fait, ces admirables paysans luttant en sandales et en haillons pour le salut de notre civilisation.

Le 29 juillet dernier, les Autrichiens commençaient les hostilités et bombardaient Belgrade.

Belgrade est une ville ouverte, exposée sans défense aux canons des batteries et des flottilles. Elle se défendit héroïquement, cependant que le Roi et le Gouvernement s'en allaient s'installer au cœur du pays, dans la préfecture de Nich.

Alors deux cent mille Autrichiens pénètrent en Serbie. Cent mille Serbes, après quatre jours d'assaut à la baïonnette, les mettent en déroute. C'est la bataille de Tser (15-19 août).

Et, pendant ce temps, Belgrade, ville ouverte, résiste toujours.

En octobre, une nouvelle armée de deux cent cinquante mille Austro-Hongrois rentre en Serbie. Sur un front de cent soixante kilomètres, les Serbes retranchés tinrent plus de six semaines; mais, à la fin de novembre, les pluies commencent à les noyer dans leurs tranchées, et puis leurs munitions baissent; ils reculent vers l'intérieur du pays, jusqu'aux pentes de Roudnik. Moment d'angoisse. Les Autrichiens, juste à cette minute, avec une autre armée, entraient dans Belgrade. Ils ne doutent pas d'atteindre le seul arsenal de la Serbie et le siège du Gouvernement ; ils se précipitent à la suite des Serbes en retraite. Déjà l'Allemagne et l'Univers entier voyaient la route de Constantinople ouverte. C'était, pour les Alliés, un désastre, l'échec du blocus économique avec lequel nous comptons bien affamer nos adversaires.

Mais les munitions françaises arrivent. Les Serbes reprennent l'offensive. « Les Français sont avec nous », disent-ils joyeusement, en entendant les rafales du 75, car le 75, là-bas, s'appelle le « Français ». Le vieux roi Pierre, âgé de 71 ans et perclus de rhumatismes, est assis au milieu des combattants, le fusil à la main. Ancien élève de notre école de Saint-Cyr, ancien combattant de 1870, il fait le coup de feu et, mieux, tutoye ses soldats en père ou en grand frère. D'un seul cœur, toute la nation se jette sur l'envahisseur. Il faut vaincre ou mourir. Victoire ! Du 3 au 7 décembre, les Serbes firent un immense butin d'armes, de canons, de munitions et soixante mille prisonniers. Ils rejetèrent les trois cent mille envahisseurs hors de leur territoire, en même temps qu'ils reprenaient Belgrade.

Après la bataille, le vieux roi Pierre s'approcha d'un soldat qui avait à la tête une effroyable blessure. « Où en sommes-nous, Sire ? » demanda le blessé. « Nous avons battu les Autrichiens et repris Valiévo. » L'homme se soulevant cria : « Vive le roi! vive la nation serbe ! » puis, remettant au roi son portefeuille : « C'est pour l'armée! » dit-il en retombant. Il mourut. Le portefeuille contenait sept cents francs, toutes les économies de ce paysan aisé. (Raconté par Victor Bérard.)

On dit qu'il n'est pas sur la terre une race d'où la poésie jaillisse plus spontanément. Son histoire, son âme sont écrites dans des chansons que Gœthe aimait par dessus tout. Durant quatre siècles, les chanteurs de *pesmés* ont célébré et pleuré l'héroïsme et les malheurs de leurs aïeux vaincus à Kossovo. Comment les paysans poètes vont-ils célébrer la victoire de Roudnik ?

Depuis Roudnik, il n'est plus en Serbie un seul Austro-Allemand. Pour mesurer à sa juste importance cette bataille, pensez à ce qu'eût été la victoire de la Marne si elle avait nettoyé tout notre territoire. Mais il y a plus. La bataille de Roudnik perdue, les Bulgares se laissaient violer comme un simple Luxembourg, et le contact était établi entre Vienne et Constantinople. La guerre économique devenait impossible pour nous, puisque, par la Turquie d'Asie, les Austro-Allemands se ravitaillaient comme ils voulaient. Les récoltes de Syrie et de Mésopotamie arrivaient dans toute la Germanie. Et puis, la libre circulation établie entre Austro-Allemands et Turcs, la guerre pouvait devenir méditerranéenne, c'est-à-dire que la Germanie eût fait chanter les Grecs et les Italiens, au moyen de la Macédoine et de l'Albanie, et secouru efficacement Constantinople.

Jamais les alliés, défenseurs de la civilisation, n'applaudiront assez la Serbie. Allons à la Sorbonne, demain jeudi, avec nos lycées de garçons et de filles, applaudir une conférence d'Ernest Denis, sous la présidence du Ministre Albert Sarraut. Le professeur célèbrera l'histoire et le rôle du peuple serbe. Et vendredi matin, dans toutes les écoles primaires et secondaires (de l'enseignement officiel et de l'enseignement libre, notez ce signe encore de l'union sacrée), les maîtres feront une causerie pour que leurs élèves aiment la Serbie.

C'est Victor Bérard qu'à bon droit le Ministre a chargé d'établir le thème de cette leçon. Bérard, un des hommes de France qui, de cœur et d'esprit, connaissent le mieux tout ce monde oriental en feu. J'ai sous les yeux, tandis que j'écris, sa belle leçon toute pleine de faits bien choisis et bien ordonnés.

Elle est précédée d'une circulaire où le Ministre signale très justement que cette journée à la gloire de nos amis serbes « ne sera pas une diversion dans le travail scolaire ».

Dans la lutte que la Serbie soutient aujourd'hui, toute la jeunesse reconnaîtra les traditions de ses classiques : aussi bien le miracle grec d'un peuple, petit par le nombre, mais grand par l'âme, se dressant victorieusement contre d'infinies multitudes barbares, que l'esprit de sacrifice romain, subordonnant tous les intérêts particuliers à l'intérêt de la Patrie, en un mot tous les modèles de dignité nationale et d'héroïsme personnel que nous a légués la haute culture classique, plus chère aujourd'hui que jamais au génie de notre nation. Ces exemples et ces leçons, l'héroïque Serbie les résume, comme les exalte chaque jour la race française dans ses glorieuses tranchées.

Ainsi parle M. Albert Sarraut. J'applaudis. C'en est fait de l'enseignement vaseux et débilitant. Qu'on tue le veau gras de la réconciliation... ou plutôt, non, remmenez le veau ! Je le décommande. Il attristerait le *Temps*. Le *Temps* nous dit que ce qu'il y eut de pacifiste dans notre enseignement, dans tous nos propos officiels et qu'on interprétait comme un symptôme de faiblesse, provenait d'un haut sentiment d'humanité hérité de nos encyclopédistes.... Eh bien ! je me félicite que nos maîtres nageurs renoncent à entraîner nos enfants dans le gouffre pour y chercher l'impossible coupe du roi de Thulé. D'un coup de talon, le plongeur revient à la surface. Avec quel plaisir on l'accueille, cet échappé des régions dangereuses et chimériques ! C'est très bien que vendredi matin, à la même heure, une même leçon d'énergie et de gloire enflamme, dans les écoles officielles et dans les écoles libres, nos enfants également aimés et promis aux mêmes devoirs. Garçons et filles, comprenez bien la leçon du jour, la leçon de l'année ! Les maîtres de l'école, et les maîtres du lycée, et les maîtres de la Sorbonne, et les congréganistes, d'une seule voix française, vous disent : L'héroïsme est quelque chose de nécessaire et de permanent dans la vie de l'humanité, et les nations vivent d'héroïsme comme de pain.

C'est pour avoir, depuis huit mois, mangé ce pain des forts que la France ressuscite ou du moins atteint son zénith, et que la Serbie prend place dans l'élite des peuples.

P.-S. — Particularité noble, les Serbes, dont la misère est extrême dans leurs hôpitaux, dans leur vie toute rurale, ne veulent pas être plaints. Ils connaissent leur gloire et demandent simplement qu'on la reconnaisse.

Partout, des femmes françaises quêtent pour eux. Les dons en nature, du linge surtout, peuvent être envoyés à l'œuvre bien connue, de la comtesse Murat, *Pour le front*, 41, rue Saint-Dominique, avec cette mention : Pour les Serbes.

XIII

LEURS RAISONS D'ESPÉRER (1)

26 Mars 1915.

Ces conversations, recueillies à Berlin par M. Ibanez de Ibero et que publie, chaque jour, l'*Écho de Paris*, offrent le plus grand intérêt. Nous y trouvons étalées en libres propos les raisons d'espérer qu'avaient, au mois de janvier, des Allemands haut placés et très bien renseignés, quelques-uns des grands personnages de l'Empire.

(1) Il serait puéril de rayer de tels articles trop pleins d'espérance. Ils valent comme un miroir de la France au cours de la guerre. Nous avons eu des déceptions; du moins portions-nous nos regards sur les points intéressants de l'horizon. Nous posions bien le problème, tout en lui donnant des solutions trop conformes à nos vœux. Nous distinguions que l'Allemagne cherchait par la Serbie et avec la Bulgarie le chemin de l'Asie; nous voulions croire qu'elle y échouerait; elle y a réussi plus que nous ne voulions croire, mais beaucoup moins qu'elle ne s'en flattait.

Voyons un peu ce qui subsiste de ces espérances.

Cette enquête répond abondamment à une question que chacun de nous se pose, après avoir constaté que les armées allemandes, peu à peu, sont dominées par les armées alliées et que le blocus raréfie la nourriture et certains éléments quasi-nécessaires à la guerre. « Qu'espèrent ces Allemands? disons-nous. Que voient-ils sur l'horizon qui les engage à persister? Ce sont des assiégés. D'où attendent-ils leur salut? »

Telle est la position du problème à nos yeux. Et c'est bien ainsi que l'entendent les Allemands. Écoutons leurs réflexions.

D'abord, ils espèrent encore traiter séparément avec la France ou avec la Russie, et les détacher de l'Angleterre.

— Notre ennemi principal, disent-ils, c'est l'Angleterre. Nous avons offert la paix à la France et à la Russie; elles ont eu le tort de refuser. Mais du côté russe, nous n'avons pas perdu toute espérance de parvenir à un arrangement.

C'est à hausser les épaules. Dire cela en janvier, quelle insolence! Oseraient-ils le répéter aujourd'hui? Ces Allemands sont des êtres bien incomplets. Grands organisateurs,

certes ! J'admire leur méthode et leur esprit
de suite, leur puissance de travail et de coordination. Personne n'a poussé aussi loin qu'eux
la préparation de la guerre. Mais vrai, ils ne
sont pas psychologues ! René Gillouin me
faisait un jour remarquer qu'au milieu de leur
énorme production philosophique, ils n'ont
donné qu'un traité de psychologie, celui de
Wundt, un gros ouvrage en deux parties, la
première de physiologie, la seconde de métaphysique, et où il n'y a pas de psychologie.
Ils se sont trompés grossièrement, depuis huit
mois, chaque fois qu'ils ont eu à calculer et
à prévoir quelle réaction leurs manières d'agir
détermineraient chez les différents peuples.

Ils ont cru que l'Angleterre s'abstiendrait,
que la Belgique laisserait passer, que l'Italie
marcherait avec eux, que la Turquie entre-
rait plus rapidement en campagne, que la
Bulgarie se jetterait sur la Serbie, que des
troubles révolutionnaires gêneraient la Russie
et la France. Si nous avons échappé à ces
graves difficultés, c'est à l'Allemagne elle-
même et à sa brutale méconnaissance du génie
et de la dignité des divers peuples que nous
le devons en partie. Qu'elle croie aujourd'hui
que la France ou bien la Russie manqueront
au pacte du 5 septembre, aux serments échan-

gés à Londres, de rester unis jusqu'à ce que chacun des belligérants ait obtenu les réparations nécessaires, c'est un des signes les plus caractéristiques de l'opposition qu'il y a entre les manières de penser et de sentir allemande et française.

« Nous traiterons séparément avec la Russie ou bien nous la réduirons à l'impuissance. » Ainsi parlaient en janvier les Allemands. Pour nous, disaient-ils, il ne s'agit pas de pénétrer au cœur de l'Empire russe, mais d'immobiliser ses forces. Une fois ce résultat obtenu, nous disposerons d'un million d'hommes que nous jetterons sur la France au printemps.

Nous y voici, au printemps, et la chute de Przemysl, qui favorise d'une manière victorieuse la marche des Russes sur Cracovie et dans les Carpathes, montre assez ce qu'il faut penser de ce second espoir allemand.

Cependant le blocus agit. Comment entrevoyaient-ils, en janvier, de s'en dégager?

— Bah! disaient-ils, nous allons établir la libre communication entre nous et notre alliée turque ; nous allons disposer de la voie ferrée Berlin-Vienne-Belgrade-Sofia-Constantinople. Pour cela, toute la difficulté, c'est de réduire la Serbie. Nous nous en chargeons avec cent mille hommes de bonnes troupes.

Un beau plan, mais qu'ils n'ont même pas essayé de réaliser. Leur terreur est d'être obligés de constituer un troisième front. Et loin qu'ils soient à la veille d'établir le contact avec les greniers de l'Asie-Mineure, ils apprendront, avant peu de semaines, le grand coup de théâtre de Constantinople et ses suites.

En vérité, ne trouvez-vous pas avec moi les conversations de ces grands personnages de Berlin tout à fait instructives? Ils expliquent dans quelles conditions et par quels moyens ils seront vainqueurs. Ces conditions ne peuvent pas se réaliser, ces moyens leur échappent. C'est donc que la victoire abandonne leur pays et, après quarante-quatre ans, déploie ses ailes pour retrouver ses anciennes patries.

Que va-t-il advenir de l'Allemagne vaincue? Ils se chargent de faire la réponse.

— Si l'Empire était battu, disent-ils, nous perdrions la rive gauche du Rhin, ainsi que les provinces prussiennes à l'est de la Vistule. L'Allemagne serait condamnée à devenir un État sans aucune importance. L'alternative est nettement posée. Il faut que nous paralysions la Russie, il faut que nous fassions une paix séparée soit avec la Russie, soit avec la

France ; il faut que nous réduisions la Serbie, ou bien nous perdrons la rive gauche du Rhin et deviendrons un pays sans importance.

L'événement, depuis janvier, depuis que ces-messieurs prophétisaient, a commencé de prendre tournure. Leurs espoirs sont à vau-l'eau. Alors, écoutez ce que vous confirmeront tous les hommes qui connaissent les Allemands ; écoutez ce que Wetterlé a dit trente fois, Wetterlé obligé de vivre pendant des années dans la société familière des chefs politiques de l'Allemagne, de toutes les Allemagnes, et, par là, au courant de tous leurs sentiments :

L'Allemagne, dit-il continuellement, n'est unie que parce qu'elle est forte. Il faut comprendre le système politique impérial, l'unité allemande, comme une grande entreprise commerciale où les associés ne s'aiment guère, mais gagnent beaucoup d'argent, et s'accordent toujours parce qu'en agissant tous ensemble ils étendent sans cesse leurs affaires. Vienne le désastre, toutes les vieilles rancunes feront explosion. Le Prussien est détesté universellement dans les Allemagnes. Dès que la Prusse apparaîtra hors d'état d'assurer une protection efficace aux diverses nations allemandes qu'elle asservit et satisfait, vous verrez les États, ceux du Sud d'abord, s'empresser de secouer la tyrannie de cette méchante population du Nord.

Jusqu'à cette heure, dans les conversations recueillies par notre collaborateur, on ne voit pas percer les divisions entre gens des diverses régions. Il faut encore attendre. Nous n'en sommes pas au moment où l'on pourra conclure des paix à part et successives avec le Bavarois, avec le Saxon. Mais déjà, dans ces conversations qui datent de janvier, notez-le, apparaissent la suspicion, le brutal mépris et les reproches.

C'est le premier effet du désenchantement. Et chaque jour, les chefs politiques de l'Allemagne, sinon ses soldats, commencent à voir l'effondrement de leurs raisons d'espérer.

XIV

NOS CERTITUDES DE VICTOIRE

27 Mars 1915.

Hier, nous avons entendu les Allemands énumérer les raisons qu'ils avaient en janvier de croire à leur triomphe, et nous avons pu constater qu'en deux mois les événements les avaient démentis et les laissaient sans motifs d'espoir. Combien notre situation est différente ! De mois en mois, nos raisons d'être inquiets disparaissent et font place à des certitudes de victoire.

Nous sommes environnés de deuils. Toutes les familles vivent étroitement liées à ceux des leurs qui sont au danger. Il y a encore des efforts à fournir et des sacrifices à accepter. Mais jamais depuis quarante-cinq ans la fortune de la France n'a été plus belle et plus certaine.

Les Allemands sont entrés en Belgique et en France, persuadés qu'ils venaient faire une promenade militaire, brutale et sanglante, décisive. Ils marchaient tout droit sur Paris, le détruisaient, encadraient les débris terrifiés de nos forces et réglaient successivement leur compte à la Russie, puis à l'Angleterre.

Cette marche sur Paris, par ces ardentes journées, au milieu d'une tragique absence de nouvelles, fut, pour tous les dignes Français, l'instant d'un acte de foi inébranlable dans l'immortalité de la France ; mais l'univers admirait les multitudes disciplinées de la Germanie qui, une fois de plus, convaincues d'être le fléau élu de Dieu, accouraient vers la riche proie. Qu'en dit maintenant l'univers? Ce fut une marche insensée.

L'esprit allemand produit ainsi continuellement des actes et des œuvres où nous le voyons partir d'une réalité admirablement saisie et s'égarer dans la plus folle rêverie. Les deux Faust, l'hégélianisme, le marxisme, le pangermanisme, la marche sur Paris (s'il est permis de rapprocher des croyances, des formes sociales et politiques, des ouvrages d'art et des actions) offrent ce même caractère de s'achever, de se dissoudre dans une pensée fâcheusement mystique. Avec la plus puissante préparation militaire, il semble bien que les Allemands ont échoué pour avoir délaissé soudain toute observation et écouté leur orgueil. Il aurait fallu comprendre le sentiment de l'honneur chez les Belges et chez les Anglais, les fiertés patriotiques et militaires chez les Français. Mais ces Allemands s'enivraient à supposer qu'ils ont la mission de prêter main forte à l'Éternel et de châtier tous les vices. Ils n'ont voulu admettre aucune vertu chez les autres peuples. De là leurs erreurs et leur catastrophe.

Cette armée qu'ils croyaient en fuite devant eux les battit quand ils arrivèrent sur le terrain que Joffre avait jugé favorable, et depuis sept mois, terrés dans leurs tranchées, ces « maîtres suprêmes de la guerre » échouent dans toutes leurs tentatives d'offensive. De leur propre aveu, les voilà réduits à la défensive.

Immense résultat, puisqu'ils ont toujours proclamé qu'aller vite, en finir vite, c'était pour eux une nécessité de vie ou de mort; puisque nous savons leur grande difficulté à se procurer du cuivre et diverses matières premières nécessaires pour la production des projectiles et explosifs ; puisqu'enfin, il leur va falloir se mettre tous à la diète, ce qui leur est plus désagréable qu'à aucune autre race.

Mais, disent-ils, vous autres Français, vous n'avancez pas non plus.

La situation n'est pas comparable. Nous avons été surpris par une agression, pour laquelle nous n'étions pas prêts. Depuis sept mois, derrière le mur, chaque jour plus solide, que nos soldats opposent à l'Allemagne, nous avons fabriqué des munitions, de l'artillerie lourde et le reste ; nous avons levé et exercé des hommes. Nous voici incomparablement plus forts qu'au premier jour, en face d'un ennemi qui se démoralise.

Chacun des soldats allemands peut se battre et se faire tuer avec la même fermeté qu'au premier jour, mais leurs chefs savent bien qu'ils ne nous dominent plus par le nombre ni par l'armement. Les chefs allemands sont en train de voir en eux-mêmes leurs âmes, qui lentement tendent à se transformer en âmes de vaincus. Ils admettent qu'ils peuvent être battus. Quand ils rompront sous notre effort heureux, on s'apercevra brusquement de leur démoralisation, en même temps que de l'affolement de la population civile, entretenue jusqu'à cette heure dans la plus complète illusion.

Le lecteur m'arrête. Depuis quatre lignes, il est resté sur ce mot « notre effort heureux ». Quand le ferons-nous, dit-il, cet effort?

Quand il plaira au généralissime.

C'est la grande vertu de Joffre et qui lui assure l'absolue confiance de l'armée et par suite du pays, qu'il n'a rien voulu risquer au hasard d'une bataille. Il ne marchera qu'à coup sûr. Jusqu'à cette heure, nous n'avons jamais tenté la trouée. Jusqu'à cette heure, nos actions sur les tranchées adversaires n'ont été que des mouvements combinés avec les mouvements russes, des attaques inces-

santes empêchant les Allemands de transpor_
ter aucune force de notre front à leur front
oriental.

Tout a merveilleusement réussi. Sous cette
double pression, russe et française, les forces
matérielles et morales de l'armée austro-alle-
mande s'épuisent. Et tandis que nos alliés se
fortifient de mois en mois, et que, par ailleurs,
se préparent les renforts balkaniques qui nous
aideront dès la prise de Constantinople, Joffre
est en possession de ressources matérielles
accrues et d'une armée splendide de moral et
telle (tous nos chefs le proclament) qu'à
aucune époque notre histoire n'en présente
d'aussi belle. Qu'un imprévu vienne nous
aider, tant mieux ! mais il n'est nullement
nécessaire, et notre Joffre se charge de toute la
besogne, avec ce qu'il possède dans ses mains.

Il y a lieu de croire que la France n'usera
pas de tout le crédit que lui fait la bonne
volonté de ses fils. Tous nous avons dit que
nous étions prêt à une longue guerre, à des
efforts illimités. Mais il est permis d'estimer
que les événements, déjà fort avancés, en
quelques mois combleront nos espoirs.

P.-S. — Au sujet de ma campagne sur
les allocations et de la lettre que j'ai publiée

de M. Malvy, le secrétaire général de l' « Association nationale des maires de France » m'a envoyé des observations fort intéressantes :

..... *Il est, me dit-il, une catégorie très nombreuse des intéressés pour lesquels il n'a encore été* RIEN *fait. Ce sont ceux qui, en dépit des plaintes et des cris depuis quatre, cinq, six, sept et, bientôt, huit mois, ne reçoivent aucune réponse. Les désigner individuellement au ministre? Ce serait d'abord un travail énorme; ce serait surtout dresser une liste de victimes dont les dossiers iraient plus tard encombrer les rôles des séances de la Commission supérieure, si tant est que le ministre et ses préfets puissent arriver à vaincre l'inertie des Commissions cantonales.*

Il faut fixer à celles-ci un délai, passé lequel les intéressés auront droit à l'allocation ou pourront tout au moins en appeler de ce silence obstiné, considéré comme refus. S'ils ne peuvent parvenir à obtenir les allocations, qu'ils aient au moins, par la possibilité d'un appel ou d'un recours, l'espoir, l'espoir qui fait vivre.

Ce ne serait pas trop donner aux femmes et aux mères de ceux qui souffrent et meurent pour nous.

Je m'empresse de mettre cette juste réclamation sous les yeux du public et du ministre, et je vais me concerter avec le secrétaire général de l'Association nationale.

XV

UN RUBAN DEVRAIT DÉSIGNER LES INVALIDES DE LA GUERRE

29 Mars 1915.

Voilà réglée cette question de la Croix de Guerre. Elle a demandé bien des articles, une campagne de quatre mois, mais nous avons abouti. Le point de départ fut une conversation, un jour que j'étais allé à l'armée, avec un de nos généraux respectés. Il m'exprimait le désir des chefs. Et, peu après, il me résumait leur vœu dans une lettre que j'ai publiée et commentée le 27 novembre. Aujourd'hui, c'est intéressant de la relire pour voir que nous n'avons pas dévié de notre ligne :

Je souffre, me disait-il, de laisser sans témoignage des faits d'armes merveilleux. Vous ne savez pas tout ce que nos soldats accomplissent, chaque jour, d'actions

extraordinaires. L'admirable suite des mises à l'ordre
du jour de l'armée ne vous en donne qu'une idée
incomplète. Cela nous peine quand nous paraissons
négliger de si braves gens. Il faut prendre le Français
comme il est. Il fera tout pour avoir sur sa poitrine le
signe de l'honneur. Un insigne de la bravoure militaire
serait, entre les mains du chef, un véritable instrument de guerre. Nous avons bien la médaille militaire.
Mais c'est la plus haute des récompenses, celle qu'obtiennent les commandants de corps au sommet de
leur carrière. Et puis, une retraite lui est attachée. Ce
ne serait pas sans inconvénient de la distribuer en très
grande quantité. Nous voudrions quelque chose d'analogue à la Croix de fer, dont dispose l'empereur allemand, pour récompenser le courage du soldat sur le
champ de bataille...

Voilà d'où sortit la Croix de Guerre. Nous
nous rappelons avec reconnaissance l'approbation que, dès la première minute, ont donnée à cette idée nos confrères de la presse et
puis nos collègues de la Chambre, parmi lesquels Bonnefous, qui a accepté de recueillir
les signatures, que j'aurais voulues unanimes,
des députés-soldats. Notre cher et vaillant
ami, le commandant Driant, par sa haute
autorité, en se chargeant de faire le rapport
au nom de la Commission de l'armée, n'a pas
peu contribué à décider le consentement
universel. On sait les beaux discours, pleins
du désir de servir l'armée, qui furent pro-
noncés par des orateurs de tous les partis,

aux deux tribunes de la Chambre et du Sénat. La parole de Millerand vint sanctionner tous ces efforts. Réjouissons-nous du contentement qu'éprouvent à cette heure nos vaillants défenseurs, et si quelques-uns, comme je le crains, critiquent certaines dispositions du texte, qu'ils sachent notre regret de les contenter incomplètement, et qu'ils veuillent bien peser avec amitié nos raisons.

(Pour répondre à leur principal grief, que j'entends bien, je les prie de considérer que, pratiquement, les citations à l'ordre de la division, de la brigade et du régiment n'existent guère. C'est à l'ordre de l'armée et du corps d'armée que sont cités les combattants qui se sont distingués. Et le Sénat, en acceptant « in extenso » le texte de la Chambre, n'augmente pas démesurément le nombre des décorés.)

Et maintenant poussons plus outre, cherchons d'autres dettes à payer, d'autres dignes intérêts à servir.

Le désir de donner aux glorieuses victimes de la guerre un témoignage constant de la sympathie nationale a suscité des propositions généreuses, parfois peu réalisables. On a demandé que la Croix de Guerre fût attribuée à tous les blessés. M. Gaudin de Vilaine a déposé un amendement dans ce sens au Sénat, et, comme je ne voulais pas entendre, il m'a accusé de m'enfermer dans ma « tour d'ivoire ». Oh ! mon cher sénateur, ma tour d'ivoire ! une logette d'écrivain public, sur la grande place, amicalement ouverte à tous venants. Mais, croyez-moi, une telle extension eût transformé du tout au tout cette distinction. Il faut en toutes choses respecter la pensée première, le sens de l'institution, et craindre en la dénaturant de la tuer. Ce n'est pas à dire qu'il n'y ait rien à faire pour l'ensemble des Invalides de la guerre ! Tout au contraire, et dès la première minute, en m'occupant des mutilés je leur ai fait une promesse qu'ils ont bien entendue et que voici le moment d'exécuter.

Plus d'un, parmi eux, blessé dans une action d'éclat, recevra la Croix de Guerre ; mais les autres ? Ne conviendrait-il pas (pour l'avenir d'ailleurs bien plus que pour le présent) que tous les Invalides de la guerre reçussent légalement une médaille honorifique, qui servira de certificat d'origine à leur blessure, ou plutôt à leur infirmité ?

Il ne faut pas qu'ils puissent être jamais assimilés aux « accidentés du travail ». Sans vouloir faire de comparaison entre ces deux catégories de victimes, on ne doit pas perdre de vue que ces dernières ont leurs intérêts relativement sauvegardés par les assurances obligatoires et que leurs blessures, pour pénibles qu'elles soient, n'ont pas, en général du moins, leur origine dans un acte de pur désintéressement et de dévouement. Il faut éviter que dans quelques années, l'Invalide de la guerre, se présentant pour demander du travail, ou d'ailleurs pour toute autre raison, soit obligé d'expliquer les causes de sa triste situation. Il importe que le patron ou tout autre personne qui l'écoutera, ou simplement le regardera, sache avant toute explication devant qui il se trouve. Je demande une médaille des Invalides de la guerre pour qu'elle soit, sur la poitrine d'un soldat malheureux, le témoin, la preuve du sacrifice que la France lui a demandé aux heures difficiles et pour qu'elle soit, auprès de nous tous, un rappel muet et un « Souviens-toi » de la dette patriotique qui nous incombe à tous.

Que de soldats malheureux, rentrés dans la vie civile, trouveront dans leur médaille, dans ce certificat d'invalidité héroïque, un réconfort et, sans nul doute, un appui, une aide !

Le moment est-il venu de réaliser cette idée ? Faut-il mettre un peu d'intervalle entre elle et la Croix de Guerre, afin de ne mêler dans aucun esprit deux insignes d'ordre tout à fait distinct ? C'est une question de convenance ou de tactique. L'important est que les Invalides de la guerre sachent que, jusqu'au terme de leurs jours, ils seront signalés aux yeux de tous, de manière que leur diminution physique tourne à leur avantage et raconte leur gloire.

XVI

QUELLE FRANCE VEUT NAITRE DES TRANCHÉES

30 Mars 1915.

Nous n'avons pas tort de jeter un regard jusqu'au Rhin, encore que des efforts coûteux nous en séparent, et de songer que nous nous battons pour une grande cause, pour que l'influence française prédomine sur des territoires qui nous furent promis de toute éternité.

Nous n'avons pas tort, non plus, de penser à ce que doit être la France de demain, à ce que sera notre tâche, et plus exactement la tâche de nos soldats, quand ils auront posé leurs armes victorieuses.

Ces anticipations agrandissent, ennoblissent encore l'au jour le jour de cette guerre. Le grave enthousiasme des armées et la fermeté des familles sont soutenus par la vue claire que tant de morts qui nous mettent en deuil préparent la résurrection de la France.

Et puisque nous nous sommes donné la tâche, selon nos forces, à la suite des meilleurs, de faire appel à toutes les énergies morales du pays, ces vues que nous cherchons à ouvrir sur la France de demain nous semblent le complément nécessaire des louanges données aux morts. Ceux qui meurent pour la Patrie sont grands, parce qu'ils se sacrifient et que leur sacrifice est constructeur.

Là-dessus, méditez une page bien curieuse, qui me vient de l'armée :

« *Notre dévote émotion devant tous les sacrifices, les holocaustes, les souffrances vaillamment supportées, ne risque-t-elle pas de nous détourner d'autres perspectives? Je me rappelle avoir entendu Demolins, esprit médiocre avec des vues ingénieuses, soutenir que c'était une des particularités des Celtes (et Dieu sait le ramassis d'insuffisances qu'il désignait de ce terme !) de ne jamais chanter que les défaites, les massacres subis, les dévouements coûteux. De telles commémorations sont indispensables pour maintenir nos facultés d'enthousiasme et d'âpre décision, mais un peuple a besoin d'être lancé dans d'autres directions, de croire à son génie sous des formes plus positives, de s'assouplir en vue de fonctions ultérieures... »*

La tâche militaire n'est pas finie. Mais cela ne saurait empêcher la pensée des familles et des soldats, qui pensent intensément aux destinées nationales, de se porter vers les problèmes de demain. Les combattants, je le sais, se demandent constamment (chaque fois que la nécessité présente leur permet de penser) si le fruit de leur effort sera recueilli par le pays. Et nous qui sommes habitués à formuler une part de la pensée publique, nous sommes naturellement amenés à nous demander : « Comment allons-nous tirer de cette grandiose expérience, de ce chaos, de cette catastrophe bienfaisante, les données générales que la France devra suivre pour trouver la santé quotidienne, après s'être sauvée miraculeusement ? »

Difficulté immense ! Dans dix ans, si nous vivons, la vérité nous apparaîtra avec une désolante netteté ; nous verrons les erreurs commises, et nous nous dirons : « Comment ai-je pu les commettre, étant de bonne foi ? » Il y a plus. Nous nous dirons avec angoisse : « Comment, alors que toute la France était de bonne volonté, sommes-nous, tous, passés à côté de la voie de salut ? »

A cette minute, notre état d'esprit est quasi unanime. Nous sommes disposés à tout examiner pour faire mieux. La leçon, depuis huit mois, est si forte ! Nous avons engagé notre existence et celle des nôtres. Il n'y a pas d'alternative entre le succès et la ruine. Aussi sommes-nous prêts à sacrifier nos préjugés, nos opinions antérieurement énoncées, notre amour-propre, pour ne considérer que l'intérêt de la Patrie française, son salut aujourd'hui, son avenir de grandeur demain. Beaucoup de gens font leur *mea culpa*. D'autres sacrifieraient leur préférence idéale à ce qui leur serait démontré comme l'intérêt de la France. Nous nous jetons avec amitié du côté de l'armée, du côté de la nation rentrée dans les vieux cadres à la française. Nous y admirons l'action, la science vivante, la poésie sublime. Par contre, beaucoup de choses qui persistent à faire figure nous apparaissent mortes et cadavéreuses. *Jam fœtet.* Quelle impression de creux et de vide nous éprouvons devant les institutions et le personnel qui active leur course !

Ceux-là même qui avaient pour fonction de célébrer notre ordre politique avouent sa ruine. Dans l'Université, comme dans le Parlement, on croit qu'il ne survivra pas à la guerre. « La hiérarchie politique a perdu toute autorité », écrit sans autre précaution Lavisse. Et l'un des chefs de la maçonnerie, M. Lafferre, député radical-socialiste, ancien ministre, déclare : « Il faudrait être aveugle pour ne pas voir ou pressentir les transformations que la guerre fera subir à l'opinion publique. *Une âme française va naître, qui crèvera la fragile enveloppe des formations politiques actuelles.* »

Qu'adviendra-t-il en remplacement de ce qui est mort ? Comment nous organiserons-nous ? Je suis bien incapable de l'exprimer en phrases claires et nettes. C'est très réconfortant de posséder une formule précise de l'avenir. Fût-elle fausse, ses prévisions ne dussent-elles jamais se réaliser, si elle exprime vigoureusement ce que nous désirons, elle nous donne du cœur. C'est l'utilité des programmes ; ils nous poussent à l'action ; mais ce n'est pas le moment de dresser des programmes et de commencer l'action publique.

Sans doute, dans une sorte de rêverie philosophique, on pourrait trouver intéressant de
construire des hypothèses sur ce qui adviendra
de notre société française, et sur les voies qui
s'offrent à elle. Renan a écrit, dans cet esprit,
sa *Réforme intellectuelle et morale*, que je
croyais un beau livre, et que je viens de relire
avec un étonnement de désillusion. L'alternative qu'il nous proposait a été démentie par
les événements, comme plus récemment l'alternative retentissante de Marcel Sembat. Les
forces souterraines, que, d'ailleurs, il entre-
voyait, vont tout sauver. Toute leur vie, Renan
et les siens ont abusivement tenu en méfiance
la part héroïque de l'être.

Mais si l'on s'abstient de raisonner sur
l'avenir, on peut cependant prendre une idée
de ce qu'il sera, d'après les opinions et les
sentiments de cette armée qui, demain, sitôt
rentrée dans ses foyers, va se charger de
résoudre le problème politique.

Il ne s'agit pas d'interroger des hommes
qui ne songent qu'à battre les Allemands, et
de faire parler ceux qui mettent leur honneur
à se taire. Il s'agit de distinguer ce que pensent
les citoyens armés, ce qu'ils sentent, de quelle
manière ils s'accommodent avec leur vie présente, comment ils ont modifié l'esprit de

l'armée pour l'accommoder au leur, comment ils l'ont accordé avec leurs conceptions de la veille. Là, nous sommes sur le terrain des faits.

Huit mois de guerre ont engendré chez des citoyens, qui hier étaient des paysans, des ouvriers, des bourgeois, et que voilà soldats, les émotions les plus élevées et les plus profondes. Huit mois de guerre ont éveillé dans les âmes des parties qui somnolaient. Quand se pose, chaque jour, la question de vie ou de mort, les sentiments cessent de s'embrouiller et reprennent la place que leur assigne la nature ; les vertus essentielles, d'où naît toute société, réapparaissent. Quel grand sujet d'étude : les Français dans les tranchées! Celui qui nous les ferait comprendre nous aiderait à débrouiller ce qu'ils désirent être demain. Une vue claire de notre transformation au cours de cette guerre nous fournirait les linéaments de ce que pourra être la France d'après la guerre. Essayons en toute liberté cette enquête.

XVII

L'AMITIÉ DES TRANCHÉES
DOIT SURVIVRE A LA GUERRE

31 Mars 1915.

Un monde nouveau va commencer. Les hommes d'hier sont changés dans leur cœur et, dès aujourd'hui, détrônés dans l'imagination publique. D'innombrables hommes tout neufs viennent de naître à la vie.

Quelle sera la France de demain ? Ce n'est pas une question vaine. Ce n'est pas une préoccupation sans cœur. Nous désirons dire à ceux qui souffrent : Vous ne souffrez pas pour une cause ingrate, et le rivage où vous allez aborder, après tant d'efforts effroyables, vous offre des plages de repos, de bonheur. Où placerons-nous, demain, le but de la vie nationale ? Quelle existence allons-nous mener ?

En 1871, aussi, on se le demandait. On concluait à la nécessité d'une réforme intellectuelle et morale, et cette réforme, on voulait la calquer sur la vie de l'Allemagne. Cette fois, c'est encore aux vainqueurs que nous devrons ressembler. Aux vainqueurs ? C'est-à-dire à nos fils, à nos frères, à nos défenseurs. Il faudra que nous gardions après l'épreuve quelques-unes des vertus de la France dans les tranchées. Nos modèles sont nos soldats.

La France attend d'eux un double salut : sa réforme après sa revanche. Tous ces réservistes, tous ces territoriaux, tous ces combattants vont redevenir citoyens, et comme tels, chacun d'eux dans sa bourgade, fort de ses services, de son expérience et de sa gloire, parlera avec une autorité souveraine.

Ils le savent. La responsabilité de demain hante, au fond des tranchées, dans leurs postes sévères, l'esprit des soldats et des officiers les plus nobles, les plus purs, ennoblis, purifiés, je voudrais dire sanctifiés, héroïsés par leur vie de sacrifice.

« Il ne faut pas, m'écrivent-ils, que nous soyions inférieurs à notre tâche de reconstructeurs, si celle-ci encore doit nous incomber. Il faut tâcher de nous hausser au niveau de ces circonstances si graves, voir clair, agir fermement. Et surtout, s'il est vrai, comme vous le prévoyez, que l'influence des politiciens s'effondre et que l'influence de ceux qui ont été chercher sous le feu un esprit nouveau doive croître et devenir prépondérante, nous devons nous faire un cas de conscience de n'user de cette influence qu'à bon escient, avec prudence et discernement, mais avec la plus grande fermeté. S'il est vrai, en d'autres termes, que la réforme de la France après la guerre repose sur nous, il conviendra de s'y donner comme à un magnifique sacerdoce. Nous avons appris ici la nécessité d'étudier à fond un terrain avant d'y engager une troupe ; la nécessité de tout prévoir, pour éviter des morts d'hommes ou l'échec d'une mission importante ; la nécessité enfin de s'obstiner à tout prix. »

Ainsi pensent ces nobles gens. Leur examen de conscience précède notre enquête et pose la même interrogation : Quelle France va naître des tranchées ? C'est dans les services de l'armée, dans son état d'esprit, dans le génie qu'elle déploie à tout créer ou perfectionner, dans ses vertus enfin et ses improvisations, que l'on peut chercher à débrouiller, comme nous disions hier, les linéaments de ce que sera notre patrie après la guerre.

J'ai grand espoir que nous garderons quelque chose de cette union et de cette amitié qui existent dans nos armées ; quelque chose de ce sentiment héroïque qui est venu hausser notre idée du problème religieux ; quelque chose enfin de ce génie d'organisation qui a réapparu depuis cinq ou six mois pour notre salut, et qui nous réapprend l'action coordonnée, subordonnée, aussi éloignée de la pédanterie bureaucratique que de la désinvolture et du caprice des isolés.

L'amitié, la concorde, voilà ce que nous avons d'abord à admirer chez nos soldats, à essayer de fixer parmi nous. Par centaines, des lettres m'arrivent qui, au hasard du sujet qu'elles traitent, soudain s'interrompent pour développer ce thème : « Puisse cette guerre terrible ramener dans notre chère France l'union dont nous aurons, après la guerre, autant besoin que maintenant. Il n'est pas admissible que les dangers partagés, les souffrances endurées ensemble n'amènent pas cet apaisement, sans lequel nous recommencerions à mourir. »

Nos soldats se montrent étonnés et ravis de l'entente fraternelle où ils vivent. S'ils viennent passer quelques jours au milieu de nous, « à l'arrière », comme ils disent, c'est très vite du désenchantement. Ils s'étonnent et s'attristent de retrouver, sous nos efforts de bonne volonté, ce qui subsiste encore de l'ancien esprit querelleur. A demi-dissipée, la vieille atmosphère des haines a pourtant laissé aux tentures de la maison familiale une odeur refroidie, qui ne nous gêne pas trop, nous les sédentaires, mais qui les saisit, eux qui viennent du large. Elle leur chavire le cœur. Alors ils retournent en esprit au pays du dévouement et de la fraternité, et nous découvrent avec une sorte de nostalgie religieuse quelle union parfaite y règne.

Union autour du généralissime. « Notre général Joffre, à qui nous devons et voulons obéir aveuglément », écrit un chef dont j'ai la lettre sous les yeux, et cette phrase exprime les sentiments et les volontés de tous, à tous les degrés de la hiérarchie.

Union des officiers et des hommes, admiration attendrie des chefs pour les soldats. J'ai entre les mains l'ordre du jour qu'un vieil officier supérieur, qu'il ne m'est pas permis de nommer, adressait à ses soldats, des territoriaux du pays de Limoges, c'est-à-dire d'opinion avancée. Il les commande depuis des mois dans les tranchées les plus boueuses et les plus exposées. De quel accent de sincérité et d'émotion qui ne trompe pas il célèbre leur vaillance au milieu des périls et des misères ! « Avec mes 68 ans, dit-il, je peux, vous, les vieux, vous appeler mes enfants ». Il célèbre « la belle tenue du Limousin, que d'aucuns considéraient comme un foyer d'antimilitarisme et qui a produit des soldats qui, malgré la quarantaine bien sonnée, sont des territoriaux de fer ». Ces admirables hommes lui ont transmis leurs souhaits de nouvel an. Il classera leur lettre parmi ses « plus précieux papiers de famille ». Et de fait, pour lui, pour eux, le régiment est une famille. Il emploie tout naturellement le ton d'un grand-père parlant à ses fils. Ce vieux soldat modifie, renouvelle, adapte à l'époque, adapte à son cœur, débordant de reconnaissance, le vocabulaire militaire : « Les liens qui nous unissent, dit-il, sont formés d'une haute estime et d'une entière confiance réciproques ».

Encore, l'affection de chef à soldats doit-elle compter avec les exigences, si humanisées qu'elles soient, de la hiérarchie. Mais entrons dans les rangs, causons avec nos jeunes soldats, si peu préparés, semblait-il, par la plus douce vie, à leurs rudes devoirs. Voyez comme leurs âmes, tendues par l'héroïsme et par l'idée du sacrifice accepté, sont attendries d'amitié ! Dans le douloureux carnet que Marcel Drouet, mort au champ d'honneur, m'a légué, j'ai recueilli des indications admirables sur l'amitié qui, spontanément, s'est formée entre lui et un jeune Saint-Cyrien de son âge, le sous-lieutenant Gabriel. Il n'y a là-dessus que peu de lignes et crayonnées d'une manière presque illisible, au hasard de l'heure ; mais comme elles révèlent la solitude de Drouet, et l'ardeur avec laquelle il s'intéressait à la vie de celui qui allait être chargé de nous annoncer sa mort.

Dans ces fraternités qui se forment et s'entr'aident sous la mitraille. au bord de l'abîme tout noir, il y a autre chose que dans nos amitiés faciles, nées d'une vie agréable. J'y distingue un élément profond et primitif ; ces jeunes gens menacés s'appuyent l'un à l'autre avec confiance, après avoir pesé leurs vertus guerrières. Nous touchons là, j'en suis certain, à des états premiers, à une loi naturelle ou divine, retrouvée au-dessous de nos alluvions, et dont nos camaraderies les plus délicates ne peuvent être qu'une survivance très affaiblie, l'ombre d'une ombre. L'autre jour, il me semblait que le gémissement d'un orgue réveillait toute l'obscure nef de la cathédrale. C'était une image qui cheminait dans ma conscience, une image trouvée au cours d'un récit écrit par Henri Massis sur l'affaire où il fut blessé. Massis raconte les derniers préparatifs, avant la sortie de la tranchée française, pour l'assaut sur la tranchée ennemie : « Nos hommes entaillent avec leurs pelles la paroi ; ils aménagent les gradins qui leur serviront à bondir du sillon. Une volonté unanime les presse. Puis *ils se font de hâtives confidences, des promesses pareilles ; quelques-uns s'étreignent... Instants magnifiques où l'homme se confie à l'homme, se donne simplement ! amitié, communion humaine incomparable, dont le souvenir, jusqu'à la mort, illuminera nos âmes !* Et, dans cette ferveur, ils travaillent, nettoient leurs fusils, les chargent, ajustent la baïonnette... »

Songez à de telles minutes ! Essayez de les réaliser en vous. Comme elles balayent tous les dissentiments de surface ! Après cela, faudra-t-il de nouveau se quereller, s'ignorer, se haïr, et que tels soient les moyens réguliers de la vie politique ? Recommencerons-nous à laisser inemployées dans nos cœurs les prédispositions que nous avons à collaborer fraternellement ? Je crois que ceux qui reviendront de la guerre ne s'entendraient pas avec ceux qui ne l'ont pas faite, et qu'il y aurait une cassure, si l'on voulait renouveler le système des excitations à la haine, comme un moyen de gouvernement. Après cette guerre, nous aurons besoin de la paix, non seulement avec les Boches, mais dans l'intérieur même du pays, besoin physique, moral, intellectuel, et nous la voudrons, nous l'exigerons. Plus de cette absinthe quotidienne qui trouble et irrite. Il faudra libérer, soustraire aux influences de la méchante politiquaillerie une grande part de l'activité française, qui, en province surtout, est avilie par une organisation de terrorisme électoral. Il faudra réformer notre régime d'une manière qui permette la continuation de la trêve des partis.

P.-S. — La censure politique de René Viviani m'a supprimé, hier, deux lignes qui ne contenaient rien qu'une citation de Lavisse. On la trouvera dans la *Revue de Paris* du 1ᵉʳ janvier 1915, aux lignes 21 et 22 de la page 11 (1).

XVIII

PREMIÈRE ASSEMBLÉE
DE LA FÉDÉRATION NATIONALE DES MUTILÉS

ALLOCUTION DE MAURICE BARRÈS

1ᵉʳ Avril 1915.

MESSIEURS,

Voici la première assemblée, la Constituante de la Fédération.

(1) Je laisse subsister ce *P.-S.* comme un signe des temps, mais j'ai rétabli page 119 la phrase de Lavisse.

Nous allons aujourd'hui établir définitivement nos statuts et notre bureau.

Je vous remercie de nous apporter votre collaboration d'esprit, après nous avoir donné, depuis des semaines, votre concours d'argent.

C'est grâce à votre générosité que cette souscription pour les Invalides de la guerre va atteindre au million. Chiffre énorme, si l'on songe que tant d'œuvres de grand intérêt vous ont déjà sollicités, et que chacun, dans ces mois de guerre, supporte des charges plus lourdes avec des ressources amoindries.

M'est-il permis de me faire l'interprète des glorieux invalides de la guerre et de vous transmettre leur remerciement affectueux? Un tel rôle conviendrait au seul général Pau, qui nous donne son nom illustre pour en faire la plus haute parure de notre œuvre. Vous savez où son devoir le retient. Seul il aurait qualité pour parler au nom de ses frères d'armes. Accueillez du moins la gratitude des fondateurs de cette œuvre. C'est le 25 novembre que l'*Écho de Paris* posait la question des amputés et mutilés. « Sauvons les Invalides de la guerre », disais-je. Immédiatement, l'œuvre fut portée par votre sympathie. Aujourd'hui, après quatre mois, le trésor est constitué. Et voici que **nous** continuant votre aide, vous êtes venus à notre appel, pour nous aider à faire le meilleur emploi de ces ressources que vous avez créées.

Organisons-nous. C'est en toutes choses la grande affaire. Émouvoir l'opinion quand on parle des soldats, c'est aisé à cette heure. Mais on n'a rien fait, tant qu'on n'a pas institué une bonne méthode.

A cette heure, il s'agit **d'établir légalement** la Fédération, c'est-à-dire de faire un corps avec tous ceux qui ont apporté leur obole aux mutilés. Tout souscripteur, n'eût-il versé qu'un franc, fait partie de la fédération, de cette société à laquelle nous allons donner aujourd'hui sa force légale, son bureau, son Comité.

Et quel est l'objet de la Fédération ? De secourir les mutilés et les amputés sur toute la surface du territoire, autant que possible, en leur fournissant des appareils, en leur ouvrant des écoles ou ateliers de rééducation professionnelle, enfin en les aidant à trouver des emplois. Cela se fera dans une série d'organisations locales. Nous avons, dès le premier moment, commencé l'organisation parisienne, qui déjà fonctionne d'une manière intéressante. Les bons Français de Lyon, sous la **présidence de leur maire**, M. Herriot, n'ont pas attendu notre intervention pour fonder une œuvre. Mes amis de Nancy se sont organisés d'eux-mêmes. Barthou me dit qu'à Pau, on recueille des fonds. Je salue dans cette salle un délégué de Nantes. Demain, je dois recevoir la visite de délégués de Versailles. Tours nous a écrit. Le Conseil municipal de Marseille étudie nos statuts. Mais il faut à ces belles et vigoureuses initiatives un point de réunion, un organe de coordination, un lieu où tous ces efforts, que j'appellerai autochtones, puissent se concerter, s'engréner et s'entr'aider. C'est la Fédération nationale. La Fédération va recevoir les sommes que ses membres ont versées. Ce fonds des mutilés, elle le répartira, après enquête et examen, aux diverses organisations locales qu'elle aura groupées ou créées, et parmi lesquelles le Comité des mutilés de Paris sera l'objet de notre sollicitude principale.

Dans quelles conditions se fera ce vaste travail, c'est ce que précisent nos statuts, que nous avons préparés avec l'aide des conseils les plus éminents, et que déjà vous avez pu examiner dans nos bureaux. Notre secrétaire va vous les lire. Sur chacun d'eux, nous échangerons nos observations et nous voterons. Puis, vous aurez à élire le bureau de la

Fédération. Vous y trouverez les noms de Louis Barthou, à qui nous devons, pour une grande part, la loi de trois ans, qui a armé la patrie et dont le nom se trouve ainsi tout naturellement désigné pour une œuvre de fraternité militaire ; d'Edouard Herriot, le sénateur-maire, président de l'Œuvre des mutilés de Lyon ; de M. Jean Buffet, président de l'Œuvre des mutilés de Nancy ; de M. Hébrard de Villeneuve, président de section au Conseil d'État, assis là auprès du bâtonnier Charles Chenu (et la présence de ces deux savants juristes nous garantit tout de suite que nos statuts sont bons, puisqu'ils les approuvent).

La composition de ce bureau et du comité que l'on va vous soumettre indique assez qu'aucune préoccupation autre que patriotique n'existe dans notre fédération. Nous réclamons l'honneur de servir les soldats de la France, frappés pour la défense de tous. Nous nous présentons pour collaborer avec les œuvres officielles, assurés qu'entre elles et nous règnera un accord parfait et une généreuse émulation de dévouement.

Merci à tous les souscripteurs. Nous voilà associés dans la plus belle et la plus nécessaire des tâches.

XVIII *bis*

UNE LÉGENDE MENSONGÈRE SUR PÉGUY

Une légende circule qu'il est nécessaire d'anéantir immédiatement.

La voici, telle que je la trouve imprimée sous ce titre : *D'une tranchée à l'autre :*

« Deux poètes amis sont morts dans les
» tranchées : Ernest Stadler, l'écrivain alle-
» mand de Strasbourg, et Charles Péguy, le
» poète lyrique français, dont Stadler avait
» traduit les vers.

» On apprend qu'ils se sont trouvés face à
» face, dans les tranchées adverses, sur la
» terre de France. S'étant reconnus, ils au-
» raient tenté d'échanger quelques mots dans
» de brefs billets :

» *Mon cher collègue et confrère...* » écrivit
» Stadler au début de son mot, le reste du
» billet fut inintelligible pour Péguy, qui
» aurait répondu : Mon ami, je ne vous com-
» prends pas, mais je vous aime. »

» Peu après, ils furent tués tous les deux. »

Rien de vrai là-dedans. Voici la lettre que

Mme Charles Péguy me fait l'honneur de m'écrire :

Monsieur,

Encore très souffrante des complications qui ont suivi la naissance de mon fils, Charles-Pierre, je m'en remets aux amis de Charles Péguy, à ceux qui savent sa vie et son œuvre, qui pieusement ont recueilli les détails de sa mort héroïque, à vous, monsieur, en particulier, du soin de défendre la mémoire de mon mari contre ces absurdes légendes, et vous prie d'agréer l'assurance de mes sentiments les meilleurs et les plus dévoués.

Charlotte Charles-PÉGUY.

J'ai tenu à donner cette lettre au long pour que la légende à peine esquissée fût anéantie. Un officier français, un Péguy, l'épée à la main, n'a rien dans l'esprit et le cœur qu'il puisse distraire en faveur d'un ennemi armé. Ne laissez pas s'accréditer de fades niaiseries où l'on distingue une odeur suspecte de pacifisme. Maintenant, c'est la guerre. Le noble Péguy en acceptait, en proclamait les dures obligations et les vigoureuses solidarités. Cette protestation fait grand honneur à Mme Péguy.

XIX

DANS LES TRANCHÉES
ON RÉAPPREND L'ART DE L'ORGANISATION

2 Avril 1915.

Continuons à débrouiller les linéaments de ce que pourra être la France d'après la guerre.

Je ne les distingue pas très bien. Je ne croirais guère cependant à une victoire qui nous laisserait avec notre badauderie, avec les fausses valeurs auxquelles nous avions permis de s'installer à notre surface, avec cet amour de nos commodités qui nous amenait à tolérer, comme dit *le Temps*, des histrions. Les Français se sont trouvés dans la nécessité urgente d'acquérir toutes les vertus de la vie. Ils les voudront garder.

Je ne sais plus quel personnage de comédie disait : « Il t'arrivera des choses qui te rendront de la mémoire ». Il est arrivé à la France des choses qui lui ont donné la mémoire et les qualités morales pour ne pas périr. Si les événements bouleversent la face du monde, les émotions et les épreuves bouleversent les caractères des hommes qui ont participé à ces événements. Dans les tranchées, nos soldats et nos officiers éprouvent jusqu'à l'attendrissement le plaisir d'être des frères, et ils en garderont un besoin d'union, de paix sociale, de trêve des partis. Ils se font, prêtres et laïques, une intelligence plus vive et plus profonde des questions religieuses. Enfin, c'est l'objet de cet article, ils maudissent la légèreté qui ne sait pas prévoir les besoins, ni coordonner les efforts, bref le manque d'organisation.

Ah! ce mot d'organisation, comme il revient dans toutes les causeries un peu sérieuses, depuis huit mois, de même qu'il reparaît à chaque ligne des circulaires, des ordres et des décrets. Et comme on s'avoue que, organisateurs de tant de choses, nous nous en sommes remis à notre souplesse et à notre entregent pour adapter vraiment la « nation en armes » aux conditions modernes de la guerre !

Tout le pays connaît les fautes commises contre la préparation à la guerre, mais c'est dans les tranchées qu'on les paye. Nous n'avions ni obus, ni canons lourds, ni service d'aviation. Si nous avions été prêts, comme l'étaient les Allemands, la guerre aurait été finie en deux mois, et cinq cent mille Français seraient encore en vie. Cela, le citoyen

qui est dans les tranchées s'en rend compte.
Il sait par quels prodiges on parvient à parer
aux difficultés. Il pense que la grande affaire
c'est de créer des cadres, d'augmenter le rendement des magasins administratifs d'habil-
lement et de campement, et celui des usines de matériel de guerre. Il comprend que
nous sommes en train d'obtenir la victoire à
force de sacrifices et à coups d'ingéniosité
rapide. Enfin il est arrivé à chaque soldat et
à chaque famille des choses qui les obligent
à réfléchir sur les organisations méthodiques,
minutieuses et puissantes des Boches.

Vous vous rappelez les propos du chimiste
Ostwald :

L'Allemagne, déclare-t-il, grâce à sa faculté d'organisation, a atteint une étape de civilisation plus élevée
que les autres peuples. La guerre, un jour, les fera
participer, sous la forme de cette organisation, à une
civilisation plus élevée. Parmi nos ennemis, les Russes, en somme, en sont encore à la période de la
horde, alors que les Français et les Anglais ont atteint
le degré de développement cultural que nous-mêmes
avons quitté il y a plus de cinquante ans. Cette étape
est celle de l'individualisme. Mais, au-dessus de cette
étape, se trouve l'étape de l'organisation. Voilà où en
est l'Allemagne aujourd'hui. Vous me demandez ce que
veut l'Allemagne ? Eh bien ! L'Allemagne veut organiser l'Europe, car l'Europe, jusqu'ici, n'a pas été
organisée.

L'objection saute aux yeux. Cette discipline sûre, ces méthodes, ce formidable outillage varié sont au service d'une âme grossière ; elles manquent d'un cœur généreux,
enfin, pour tout dire d'un mot, elles veulent
notre mort. Et puis, ce pédant d'Ostwald
exagère. Mais, en dépit de ce ton insupportable de bluff, en dépit de tant de vilenies et
d'un si prompt affleurement de brutalité et
d'ignominie, il faut bien le reconnaître : les
Allemands s'étaient développés dans le sens
organisateur. Etrange race, où l'on vit à
toutes les époques l'alliance du prosaïsme le
plus terre à terre et des aspirations nébuleuses. Ce qui est le mieux réussi dans Werther et bien caractéristique de la race, c'est
la description d'une jeune fille faisant des
tartines à ses petits frères et sœurs et éveillant par ces humbles soins une infinie poésie
dans l'âme d'un jeune pédant. Leur pangermanisme est un mysticisme et un programme
commercial ; leur empereur, l'a-t-on assez
dit, un Lohengrin et un placier en mar-
chandises. Nous nous étonnons et nous
indignons de leur régression aux forêts d'Arminius et aux autels de Thor ; mais deux
commis voyageurs, dans un compartiment
de chemin de fer allemand, classant leurs

commandes et repassant leurs listes ; les écoliers de Berlin faisant systématiquement la tournée pour récolter de l'or ou du métal, nos prisonniers de là-bas mis, contre rémunération, au service des agriculteurs ou des artisans, voilà qui est également dangereux, voilà leur force redoutable.

Les détails que l'on peut connaître de leur installation chez nous, dans cette minute même, les montrent aussi prompts à rectifier une ligne de chemin de fer ou à créer un journal local qu'à envoyer leurs Zeppelins sur Paris et à s'acharner pour la reprise d'une tranchée que nous leur avons enlevée. Voilà des vertus que notre victoire ne leur enlèvera pas. Alors même que nous nous serons débarrassés de leurs prétentions militaires, et assurés contre leur hégémonie, il nous faudra être en mesure de lutter contre des avantages que leur aptitude à organiser leur assure. L'Angleterre ne sait comment teindre ses cotonnades et ses lainages, quand les couleurs allemandes à l'aniline ne lui parviennent plus. Il nous faut profiter de cette hivernale veillée d'armes pour parer à des insuffisances du même genre, et d'un genre plus grave.

Tenez, une grande question, entre autres, où sont engagés notre amour-propre, notre honneur et nos intérêts, c'est de fournir à nos reprises et conquêtes de demain, sur la rive gauche du Rhin, des employés des postes aussi bons que les leurs, des instituteurs que le préfet ne suscite pas contre le curé, et des colis qui ne s'égarent pas en route. Quelle que soit l'aménité de notre civilisation, que je mets au-dessus de toutes pour donner de l'agrément à la vie, il est des points où la formidable organisation matérielle contribue aussi à la douceur de vivre. Les œuvres de prévoyance sociale, développées depuis vingt ans en Alsace-Lorraine ont créé, là-bas, chez l'ouvrier, chez le petit artisan, un sentiment de sécurité absolue. Les assurances contre la maladie et les accidents, les retraites ouvrières, les caisses contre le chômage, lui assurent leur appui dans toutes les circonstances de la vie. Les Chambres des artisans règlent les rapports entre petits patrons, ouvriers et apprentis. Les règles pour l'apprentissage sont très sévères, car des examens successifs portent non seulement sur des matières techniques, mais encore sur l'instruction générale, ce qui force l'enfant à poursuivre son éducation en suivant des cours du soir quand il a quitté les bancs de l'école primaire, à treize ou quatorze ans. Ce que l'on a appelé chez nous la

« crise de l'apprentissage » n'existe donc pas. Une législation règle les litiges entre patrons et ouvriers, de sorte que, sauf dans la grande industrie, les grèves sont extrêmement rares. Toutes ces réglementations ont été introduites peu à peu, sans provoquer d'un jour à l'autre des modifications radicales. Certes, dans les débuts, l'Alsacien, très individualiste, a marqué une vive opposition à certaines mesures. La réglementation de tous les actes de sa vie lui répugnait. Mais, à la longue, il s'est habitué à accepter la contrainte et il a reconnu les avantages qu'il en tirait. Comme cette caporalisation se faisait après tout avec un grand esprit de justice, qu'il n'y avait pas ces passe-droits, dont les abus électoraux font en France la règle, une sorte de contentement matériel, résultat du bien-être, s'est introduit dans le pays.

La France devra affirmer sa supériorité en ajoutant à cette organisation matérielle (qui pourra être maintenue par l'initiative privée) une organisation morale dont l'Allemagne avait été incapable de trouver la formule. Mais après la victoire même, nous serions des vaincus, si nous ne retrouvions pas la faculté que nous avons eue si éminemment, le goût et le don d'imposer une forme à des agrégats flottants, le sens des précisions et des associations nécessaires, les vues d'ensemble encadrant notre action et y faisant rentrer celle de nos coopérateurs. Avouons-le, et admettons cette rançon de quelques-unes de nos plus belles qualités : nous avions perdu (dans la collectivité, comme chez les individus) la faculté d'organiser ; nous excellions dans le momentané ; nous vivions le plus volontiers dans l'inorganique charmant et dans les délices de l'invertébré. Préparons-nous par tous les moyens à être de nouveau capables d'engrener notre activité et de la multiplier par l'association, par la coopération.

Organisons ! Organisons le plus de choses positives, reprise du travail, assistance, secours, approvisionnements, Exposition de San-Francisco ou offres de services à l'Amérique du Sud, tout est bien fait qui sert à la fois la cause française au dehors, au dedans, et nous apprend à nous-même l'action coordonnée, subordonnée, aussi éloignée de la pédanterie bureaucratique que de la désinvolture et du caprice des isolés. Que la Chapelle et la Prairie conversent et s'accordent, en d'autres domaines encore que celui de la pensée religieuse.

Gens de l'arrière, nous ne faisons pas un

mauvais apprentissage dans nos « œuvres » de toutes sortes. En dehors des soulagements positifs qu'elles nous permettent d'apporter à des misères et à des souffrances, elles nous dressent au grand art indispensable de l'organisation. Efforçons nous d'être à peu près à la hauteur des soldats, qui vont nous revenir de la tranchée, excédés des bavards incapables, décidés à rétablir les responsabilités et à vouloir que toute place soit attribuée au mérite. La France, après la guerre, devra continuer à bien travailler. Apprentissage d'abord pour que ce soit chef-d'œuvre au lendemain de la victoire.

XX

APRÈS LA GUERRE, NOUS CONTINUERONS D'HONORER LES VERTUS HÉROIQUES.

3 Avril 1915.

La censure m'a supprimé, hier, un article où j'expliquais qu'au cours de cette guerre nous avions retrouvé le sens de l'organisation et que, sans doute, en ayant compris l'efficacité, la nécessité, nous ne voudrions plus le perdre. La veille déjà, elle m'avait sabré la préface de cette petite série : « *Quelle France veut naître des tranchées ?* ». C'est dire qu'il y a là tout un ordre d'idées que l'on m'interdit de toucher. Je suis bien sûr que je ne desservais pas la défense nationale. Mais inutile de gémir. Je tourne au court, je donne une dernière vue sur ce dangereux sujet, autour duquel j'entends crisser les ciseaux tout-puissants,

Ils se trompent d'ailleurs, ceux qui croient que cette idée d'une France nouvelle, naissant de nos épreuves, est une invention de polémique. Que mes censeurs se penchent sur tous les esprits, ils y verront les mêmes pensées, les mêmes serments. Tâchons de rester amis, comme nous sommes dans les tranchées ; tâchons de ne pas laisser aux Boches le génie de la prévoyance, de la coordination et de l'organisation ; tâchons qu'elles ne se ferment plus, les sources profondes qui viennent de se rouvrir dans nos âmes. Tels sont les vœux que j'aurais voulu recueillir, exposer, justifier, et qu'il faut bien que je taise après ce dernier article, où d'ailleurs j'écourte ma pensée garottée.

J'ai entre les mains la lettre d'un blessé, qui explique comment le projectile qu'il a reçu, « une balle dum-dum, au dire du médecin qui a vu la plaie, a été plutôt clément, en n'éclatant qu'après avoir déchiré le cou ». Puis aussitôt : « Mais ce ne sont là que des petits côtés de la grande question qui nous occupe... » (Cette transition a-t-elle une allure assez fière !) « Ce qui nous occupe, c'est le résultat final, celui qui permettra à ceux qui resteront de recommencer une France et un Paris rénovés, car le sang versé par tous, sans distinction ni de parti, ni de religion, devra porter ses fruits... »

A ces mots, vous reconnaissez le terrain, l'horizon où vous êtes transportés. C'est toujours l'idée que nous examinons depuis cinq jours : *Que sera la France de demain ?* mais pensée d'une telle manière, que nous voilà en plein pays d'héroïsme et de mysticisme. Ces « fruits du sacrifice » apparaissent à tous les regards, et si nombreux, que je ne pourrais les dénombrer dans un seul article. La campagne, à perte de vue, en est transfigurée, comme la Provence dans ce mois d'avril, où les pêchers et les amandiers entrent en fleurs.

« L'enthousiasme et l'héroïsme, s'écrie le docteur Fiessinger (aux termes d'un curieux et bel article sur des malades qui ont trouvé la force de servir quand même), survivent aux efforts tentés pour les anéantir. Une compression d'idées rationalistes poursuivie pendant vingt ou trente ans ne suffit pas pour étouffer les profondes voix de l'âme qui, à travers les siècles, ont clamé les aspirations et les instincts généreux d'une race. Aux heures de péril, la baguette d'un chef d'orchestre invisible donne le signal, et le chœur national, où chacun reprend le chant de ses pères, s'élève et s'enfle dans une harmonie de sonorités et une majesté d'accords dont les vibrations semblaient à jamais éteintes et la signification perdue ». (*Gazette médicale* du 20 janvier 1915.)

N'en déplaise au docteur Fiessinger, ce n'est pas pour avoir examiné les objets par les données de la raison que les hommes se dégradent. Une digne raison reconnaît la valeur des enthousiasmes et des intuitions, et leur fait grande part. Mais si je ne prends pas à mon compte l'explication du docteur, je confirme, avec tout le monde, son observation de fait : la guerre va retrouver et émouvoir, sous les apports misérables qui l'encombraient et la stérilisaient, la nature véritable des Français.

Avez-vous par hasard remarqué, dans le

tableau des inscriptions pour la médaille militaire, un cas que je trouve admirable, d'une superbe tenue à la française et de cette grande couleur sévère que les Jansénistes ont exagérée? C'est le cas du sergent-fourrier Sancier, du 167e d'infanterie. L'héroïsme sous toutes ses formes est quotidien dans notre armée. Mais parfois ce sont des traits qui s'élèvent avec une telle splendeur et qui nous contentent si fort qu'ils semblent dessiner dans le ciel, où ils se perdent, la forme même de la France. Sancier, la cuisse fracturée le 22 septembre, est resté sur le champ de bataille jusqu'au 25. Ce jour-là, il a été retrouvé par son chef de bataillon, et, après ces trois jours et trois nuits de souffrances, de faim, de soif, de froid, de solitude, il « a demandé, de prime abord, à cet officier, si le soldat qu'il avait chargé de lui transmettre un ordre au moment où il était tombé l'avait prévenu de l'exécution de la mission qui lui avait été confiée ».

Ce n'était plus dans le feu de l'action, au milieu de ses frères d'armes, dans la brûlante émulation. Il était épuisé par de longues souffrances et refroidi par les réflexions de la solitude. Sa faiblesse physique pouvait trahir son âme. Il n'a pas eu un sentiment personnel. Quelle solidité de loyalisme militaire ! Quelle droiture de héros modeste qui craint toujours de n'avoir pas assez bien fait ! Nous sommes là sur le granit.

Combien ce serait intéressant de retrouver un tel homme, amputé maintenant, et de distinguer la force profonde qui lui a valu d'avoir été ce que nous admirons avec respect. Fut-ce l'effet d'une discipline morale et d'une tradition d'honneur et de devoir qui domina toute sa vie ? Est-ce un réveil magnifique et, sous l'action des circonstances, le bouillonnement de notre sang guerrier ? Chacun proposera son explication.

On pourrait dire, m'écrit un correspondant, que le Français s'enlizait dans le matérialisme et que la recherche des douceurs de la vie corrompait ses vertus nationales.

Sans doute, on pourrait le dire. Mais cela sentirait la déclamation. Je n'aime pas beaucoup ce blâme jeté sur le passé de nos héros. En revanche, continuant de lire cette lettre, j'y trouve une impression saisissante de la vie menée par nos soldats :

Comme il s'est réveillé, le Français ! Qu'est-il aujourd'hui ? Un homme qui souffre, qui endure, qui subit la plus rude pénitence. Qu'est, en effet, cette vie des tranchées, sinon une vie de mortification, d'expiation ! Quelle merveille à considérer d'un coup d'œil, sur toute la ligne du front qui traverse notre pays du nord à l'est ! Et cette héroïque éducation, nous la devons, tous, au général Joffre. Comme il a tenu la France dans sa main avec ses courts communiqués ! Comme il lui a appris à se sevrer de tout ! Comme il nous a fait des âmes dociles, prêtes à tous les sacrifices !

La pensée flotte, mais c'est une pensée très répandue à cette heure et qui naît, dans le même moment, sur des milliers de points, je veux dire dans des milliers de consciences. On s'émerveille de la plus-value universelle des âmes depuis huit mois. Chacun en donne des explications avec son vocabulaire. Le fait est là. Dans la guerre, ce qu'on voit d'abord, c'est une série d'exercices de bêtes féroces, et, pourtant, sans eux, voilà que la vie était lentement animalisée. Arrive la guerre ; mille choses s'arrêtent autour de nous et en nous ; il semble que ce soit un anéantissement, et soudain, des forces qui étaient dans les ténèbres de notre âme, montent à la lumière. Tous nos sentiments prennent plus de profondeur et de tendresse. Tout se simplifie en nous et se purifie. Tant de choses s'évanouissent ! Il reste le plus profond et le plus solide. Une quantité de gens cachaient dans leurs âmes, laissaient inemployés et se détériorant des sentiments qu'enfin ils peuvent, ils osent libérer, épanouir. C'est purification, allégresse, ascension.

D'où cela vient-il ? La question ne se laisse pas éluder : d'un trésor qui s'est rouvert dans l'âme, d'une force souterraine qui a recommencé de jaillir. En approfondissant, nous trouvons une chaleur mystique, le rayonnement du grand feu central qui anime l'Univers et illumine les âmes.

Écoutez ce fragment extraordinaire d'une lettre écrite par un soldat à l'occasion du premier janvier dernier :

Mes chers parents, cette année, pour vous souhaiter une bonne année, je suis tenté de demander que vous la passiez dans les tranchées, à cent mètres des Boches, sous les obus, sans pain quelquefois, sans souliers quand la boue les retient, sans autre lit que la paille. Car je sais que nous sommes heureux dans nos trous, puisque nous croyons l'être. Je vous souhaite cette illusion si belle du bonheur qui le remplace. Je vous souhaite, quand vous aurez froid ou faim (je parle aussi bien de l'appétit du cœur et de l'âme que de celui du corps), je vous souhaite de sentir comme nous que notre souffrance est utile, qu'elle se transforme en mérite et qu'elle sert à quelque victoire. Nous

*sentons bien parfois tout ce qui nous manque :
mais nous faisons exprès de ne pas nous
plaindre. Je sais que le séminaire vaut mieux
que les tranchées, la messe que la bataille, le
chocolat que le « singe », la famille que les
camarades ; mais j'aime les tranchées, le singe
et les camarades, parce que j'ai compris que
plus j'en souffrirai, plus d'autres, pour qui je
souffre, seront heureux. Je crois à la communion des vivants ; c'est pourquoi j'aime souffrir.*

Cela est d'un prêtre-soldat, d'un esprit qui
a reçu la formation et la science religieuses.
Mais la guerre agit d'une même manière sur
tous les êtres, encore qu'ils ne trouvent pas
tous les mêmes mots pour s'exprimer. Ce qui
pénètre très avant chez chacun de nous, ce
qui va frapper le fond de chaque âme produit
une même résonnance, car, à notre insu,
nous sommes tellement des frères ! M. Charles Tardieu, il y a quelques semaines, a
publié des notes prises par lui dans les tranchées, au moment d'un assaut, qui sont de la
plus grande beauté :

Il est des situations, dit-il, qui semblent porter en
elles une vertu spéciale et magnifique, grâce auxquelles les cœurs, dans un besoin instinctif de confi-
dence, cherchent à s'élever d'un coup d'aile vers quelque chose de supérieur et laissent échapper des cris

sublimes. L'approche du danger, le voisinage de la mort sont de tels instants. A quoi pense B... maintenant ? Je le vois qui tortille nerveusement sa moustache.

— Dis donc, me dit-il enfin, est-ce que tu es sûr, toi, qu'il y a quelqu'un au-dessus de nous ? J'ai fait bien des sottises dans ma vie ! *Mais je vais laver tout ça, tu sais !*

Paroles précieuses, riches de sens ! Ce sceptique, devenu fervent, va vers la bataille comme on s'approche de l'autel. Sa vaillance est un rachat.

Que cette vue nous mène loin, si nous ne laissons pas trop vite se distraire notre regard ! Elle est confirmée par mille renseignements. Jamais on ne vit tant de cadavres et jamais on ne vit tant d'âmes. Les cadavres se défont et les âmes multiplient leurs forces. L'homme le plus humble qui se bat pour la France se trouve avoir une âme de roi. D'où la tient-il ? Les âmes des morts devenues disponibles doublent-elles les âmes des vivants ?

Il y a six mois, où donc étaient ces vertus ? Pourquoi les laissions-nous enfouies et mal estimées ? Pourquoi ne savions-nous pas les aimer et les appeler ? Vaillance, esprit de sacrifice et de fraternité, pourquoi ne vous levez-vous qu'au matin de la tragédie, et pourquoi n'avons-nous des yeux pour vous reconnaître qu'à l'heure où, lueurs fugitives du ciel, l'évanouissement de la mort, trop souvent, nous soustrait à votre service ?

Jurons-nous qu'après la guerre nous continuerons de donner le premier pas en France aux vertus héroïques des âmes guerrières et religieuses.

XXI

L'INVALIDE QUI RENTRE AU PAYS

6 Avril 1915.

Une des principales questions sur lesquelles nous devons réunir nos efforts, c'est l'aide aux blessés, aux veuves, aux orphelins de la guerre. S'il s'agit de ceux qui souffrent et se sacrifient pour la France, et qui sont entraînés dans le tourbillon où, tous, nous aurions péri sans leur dévouement, notre sentiment ne peut pas s'endormir et notre pensée est toujours en travail.

Le commandant Driant, avant de rejoindre son poste de soldat, a déposé une proposition de loi qui améliorerait largement la situation faite jusqu'à cette heure aux combattants frappés au champ d'honneur. Dans son exposé des motifs, il fait allusion à notre souscription des Invalides de la guerre et à l'Œuvre des mutilés. « La charité privée s'est émue, dit-il. Une généreuse souscription vient en aide à ces détresses quotidiennes. Elle ne pourra que les adoucir faiblement. L'État seul est en mesure de faire aux mutilés de nos armées, aux femmes et aux enfants qui restent seuls dans la vie, une destinée qui soit digne d'une nation comme la France. »

Cela est très juste, et nous avons toujours répété que, dans les initiatives privées, nous voyions, à côté des résultats positifs qu'elles apportent, un stimulant pour l'État et pour l'opinion publique. Ainsi, le million que nos souscripteurs donnent aux mutilés et amputés suscite dans les services publics une généreuse émulation, et contribue fortement à persuader les esprits que nous avons des devoirs envers nos défenseurs malheureux.

C'est une vue qui n'est pas très ancienne. L'*Hôtel des Invalides* était, ce me semble, une idée de gloire, un signe de la magnificence royale, plus que la reconnaissance d'une dette. Et Driant remarque avec justesse que l'ordonnance de 1831, qui réglait jusqu'à cette heure les pensions pour blessures de guerre, ayant été faite pour une armée de métier, considère la pension donnée aux blessés non comme une récompense ou une réparation du préjudice causé, mais comme une pension d'ancienneté anticipée.

Nous appuyerons de toutes nos forces l'initiative de notre cher et éminent ami. Elle ne rencontrera pas de difficultés sérieuses. Elle est juste et recommandée par son auteur, qu'entoure l'estime de tous. Il est donné à bien peu d'hommes de fournir un type complet, je veux dire de satisfaire sans réserve, dans un moment donné, les exigences de qui les regarde. Mais, vraiment ce soldat-législateur, qui, le fusil à la main, entraîne ses hommes depuis huit mois sur un des points les plus exposés de l'immense bataille, et qui, la minute d'après, rentré dans la tranchée, médite sur le moyen d'alléger les sacrifices de ses compagnons d'armes et de rassurer leur imagination toujours tournée vers le foyer familial, cela est d'une beauté très pure.

Allez, mon cher Driant, ne craignez pas de nous demander ce qui est nécessaire aux braves dont vous partagez les misères, les périls et la gloire. Peut-être devrions-nous penser à établir le chiffre de la pension d'après le salaire touché par le blessé antérieurement à la mobilisation. C'est l'esprit de la loi sur les accidents du travail, et l'assimilation semblerait toute juste. Nous aurons l'occasion d'en discuter. La dépense serait lourde, dit-on. Il eût été plus lourd de porter le sac prussien, au milieu des risées de l'univers, et d'être goujat d'armée à la suite des vainqueurs, qui nous eussent enrôlés contre la Russie et contre l'Angleterre.

L'impôt pour les sauveurs de la patrie ne sera pas lourd, mais léger à nos cœurs reconnaissants, dans une France remontée au zénith du ciel. Les prêtres donneront leurs ciboires en or ; les femmes leurs perles, et chacun de nous, la moitié de son travail ; heureux que le destin ne nous dise pas : Tu dois tant de livres de ta chair à ceux de tes frères que la défense commune laisse mutilés.

C'est un bien grand honneur de s'employer à de telles œuvres. Montesquieu écrit : « L'Hôtel des Invalides est le lieu le plus respectable de la terre. J'aimerais autant avoir fait cet établissement, si j'étais prince, que d'avoir gagné trois batailles. » Travaillons tous à construire, pierre à pierre, cet hôtel idéal des Invalides de la grande guerre. Mais laissons à chaque jour sa tâche. Et, en attendant que nous fixions le taux de la pension de nos blessés ou malades, regardons amicalement ce qu'ils deviennent.

Depuis quelques semaines, soldats amputés, aveugles, frappés d'infirmités graves, les voici qui regagnent le pays natal. Ils excitent la curiosité émue. Quels sont-ils ? Ce sont des combattants réformés, avec congé n° 1, à la suite de blessures qui les rendent impropres à tout service. Frappés dans les premiers mois de la guerre, soignés dans les hôpitaux, transférés dans les maisons de convalescence, puis renvoyés dans leurs dépôts, ils rentrent dans leurs foyers, rayés des cadres de l'armée, après avoir subi un examen définitif des commissions de réforme. Une pension de retraite leur est due. L'autorité militaire dresse dans ses bureaux les états nécessaires pour établir leur droit. Mais cette pension, quel qu'en doive être le chiffre, ne sera pas définitivement liquidée avant la fin des hostilités. D'ici là, comment ces héros malheureux, incapables de travailler, pourront-ils vivre et faire vivre les leurs ?

Le ministre de la Guerre y a pourvu. Chaque réformé recevra selon son grade, jusqu'au règlement de sa pension, une allocation journalière, bien modeste sans doute (1 fr. 70 pour les simples soldats), qui lui permettra de ne pas mourir de faim.

L'idée est équitable, l'intention excellente, le ministre a fait son devoir, mais ses services surveillent mal l'exécution des instructions données. Les dépôts des corps, qui doivent dresser les états nécessaires pour que les intéressés reçoivent leur allocation, laissent traîner durant des semaines et des mois les dossiers qu'ils sont chargés d'établir, et, cependant, nos malheureux blessés demeurent privés de toute ressource.

L'allocation que peuvent recevoir leur femme et leurs enfants, aux termes de la loi du 5 août 1914, continue sans doute d'être payée, mais il est de toute évidence que les sommes reçues sont insuffisantes pour faire vivre la famille augmentée de son chef, incapable de travailler et dont la santé exige encore des soins.

Au hasard de mes notes, je cite deux cas :

Lambert,   ᵉ d'infanterie, blessé le 2 octobre. Réformé n° 1, paralysie totale d'un membre. Rentré dans ses foyers le 5 mars. N'a pas touché son allocation.

Legrèle,   ᶜ d'infanterie, blessé le 24 septembre. Amputé d'un membre. Réformé n° 1. Rentré dans ses foyers le 16 janvier. N'avait rien touché le 31 mars.

Je pourrais multiplier les exemples. De plusieurs côtés on me signale des situations identiques.

Ce ne sont pas seulement des réformés n° 1 qui ont droit de se plaindre. Certains blessés renvoyés dans leurs foyers en congé de convalescence, et qui par suite n'ont plus droit à leur solde, ne peuvent arriver à se faire payer l'allocation journalière qui leur est due.

Un exemple suffira.

Le blessé X...., du 26⁰ régiment d'infanterie, a obtenu un congé de convalescence de trois mois. Dans ses foyers depuis le 25 février, il n'a pas encore obtenu le paiement de son allocation.

J'ai des dossiers. Il est inutile que j'enfle la voix pour les faire valoir. Au contraire, si j'écris cet article, c'est pour dire aux intéressés : Le gouvernement ignore ces négligences douloureuses ; calmez-vous : sitôt l'alarme donnée, des ordres vont arriver et vous allez avoir satisfaction.

Dans les bureaux militaires non plus, la bonne volonté de fond n'est pas douteuse. Pourquoi donc ces détestables retards ? Les hommes des services auxiliaires manqueraient-ils ? Qu'on en prenne le nombre nécessaire et qu'on exige d'eux un travail assidu. Les formalités à remplir pour l'établissement des états d'allocation exigent-ils de trop longs délais ? Simplifions-les. C'est impossible ? Alors, il faut trouver le moyen d'allouer un secours provisoire au réformé, dès le jour où il est renvoyé du dépôt. On le déduira sur

son allocation quand elle aura été régularisée.
Mais la misère ne doit pas entrer avec lui à
son foyer.

Le ministre de la Guerre, au milieu des
lourds devoirs qu'il remplit et qu'aucun de
nous n'entend compliquer par de vaines cri-
tiques, ignore certainement cette situation.
Il aura suffi de la lui signaler pour qu'il la
règle. Merci.

XXII

CE QUE PROUVE L'AFFAIRE
DU VIEIL-ARMAND

7 Avril 1915.

Certains avaient une idée qui les portait à
dire que la guerre s'est industrialisée comme
toutes choses, que c'est affaire d'outillage,
d'automobiles et de voies ferrées, de canons,
de projectiles et d'explosifs, et d'autres
avaient une seconde idée, qui leur venait de
leurs études napoléoniennes, ou plutôt d'une
répugnance secrète aux arts spéciaux, et qui
leur faisait connaître que le succès n'est que
dans les manœuvres, le coup d'œil, l'élan, les
forces morales. Ces deux systèmes s'opposaient,

formaient deux camps, deux disputes et une multitude de règlements ou de projets qui se contrariaient. Mais vienne l'occasion d'agir, viennent huit mois d'une guerre *pratiquée* et non plus *pensée*, les deux idées se confondent et s'enrichissent, les deux systèmes se combinent, et la prise du sommet du Vieil-Armand qu'ils appellent Hartmannswiller, est le résultat d'une action acharnée et savante, où des merveilles de courage et d'ingéniosité mettent en œuvre des merveilles d'outillage.

Aussi, avec quelle complaisance le *Bulletin des Armées* raconte cette opération et met en valeur les deux qualités, qui y furent déployées, de préparation et d'exécution ! Il semble qu'en nous donnant des détails abondants sur cette brillante et savante réussite, on veuille nous permettre de faire le point et d'apprécier où nous nous trouvons pour le moment.

Nous avons pris une belle avance sur la route de la victoire. « Où en sommes-nous ? — Tout se fera aisément quand nous serons prêts. » Tel est le dialogue qui s'échange depuis des semaines, par mille intermédiaires, entre le grand état-major et le public. Et ces mots : « quand nous serons prêts » ; vous entendez bien qu'ils visent le moment où nos forces matérielles atteindront à la même puissance que nos forces morales et sauront agir, les unes et les autres, dans une étroite collaboration.

Le Ministre, en s'exprimant l'autre jour, à la tribune, avec une si belle netteté, a marqué virilement, du même coup, les insuffisances du passé et nos espérances immédiates. Vous avez entendu et retenu ses indications :

La production française en projectiles de tous calibres a dit Millerand, atteint aujourd'hui 600 $^o/_o$ de celle qu'au début de la guerre, on avait cru suffisante, et, dans quelque temps, elle atteindra 900 $^o/_o$.

Ce que nous avons obtenu pour les projectiles, nous l'avons naturellement obtenu, c'était une conséquence inévitable, pour la production en poudres et explosifs ; le résultat a même été supérieur, car nous avons produit des engins nouveaux, nécessaires pour la guerre de tranchées : lance-bombes, grenades, etc.

Quant à notre artillerie lourde, nous avons, depuis le début des hostilités, septuplé le nombre des batteries existantes au début de la guerre.

Il y avait longtemps que les spécialistes militaires savaient nos manques de matériel, de munitions et d'explosifs. Ces questions étaient venues jusqu'au grand public. Et nos lecteurs se rappellent avoir lu ici même la véhémente campagne du général Maitrot. Mais, à côté d'un Négrier, qui refusait de paraître accepter et approuver les lacunes de notre armement, beaucoup d'autres bons soldats

jugeaient que leur devoir était de s'accommoder avec la situation et d'employer de leur
mieux ce qui était à leur disposition. « On
s'en tirera tout de même », est une formule
familière aux hommes d'action, pour qui l'opti-
misme est une vertu, et le péché contre l'espérance le plus honteux des péchés. Nos officiers
se réfugiaient dans un acte de foi, dans un
appel à leur énergie intime. Puisqu'on ne leur
donnait pas d'artillerie lourde et à longue
portée, ils voulaient croire que le canon de 75
suffirait à tout. On s'en remettait au moral
du soldat. Nos doctrines militaires nous four-
nissent des formules auxquelles on faisait dire
plus qu'elles ne contiennent. Vous vous rappelez les développements sur la fuite en avant.
sur l'assaut, qui est le meilleur moyen de se
dérober aux coups. Mais à l'usage, on a bien
vu qu'il n'y a pas de moral qui tienne et que
des troupes d'infanterie, en se portant sur des
formations organisées sous terre qui les
mitraillent, peuvent se faire tuer héroïquement, mais ne peuvent pas vaincre.

Il fallut travailler. Des résultats considérables ont été obtenus. Millerand nous le dit :
l'affaire du Vieil-Armand nous le prouve. On y
a vu une infanterie et une artillerie se connaissant parfaitement, s'appuyant mutuellement

et d'une façon constante l'une sur l'autre, combattant l'une pour l'autre, et non pas chacune pour soi. On y a vu des projectiles capables de désagréger des organisations défensives aussi fortes que sur aucun point de l'immense front.

Aussi, peut-on retenir cette opération d'Alsace comme une des dates, comme une des étapes de cette longue période d'où nous sortirons quelque jour par un coup de tonnerre. Elle prouve que, sur une préparation intensive, on peut arriver à de très grands résultats d'ordre tactique sans des pertes considérables. Quand nous aurons des approvisionnements complets, notre admirable élan sera servi par une telle artillerie que nous pourrons envisager la fin de l'envahissement de notre territoire. Les forces morales, nous les avions dès le début ; elles n'ont fait qu'augmenter. Les forces matérielles, nous les accumulons en ce moment, et leur puissance, qui rend fous ceux qu'elle accable, est désormais démontrée. Lorsque nous aurons la collaboration complète, abondante et constante de ces forces matérielles et morales, nous serons en mesure de crever le front invulnérable.

XXIII

LES CARNETS DE GUERRE
DES SOLDATS ALLEMANDS

8 Avril 1915.

C'est une vieille coutume chez les soldats de prendre des notes au jour le jour et d'enregistrer leurs étapes avec les incidents de leur campagne. Je possède ainsi les carnets, l'*Itinéraire* de mon grand-père, qui a fait toutes les campagnes du premier Empire et qui est entré à Berlin, triomphalement, dans les rangs de la garde impériale.

Persuadés qu'ils couraient à la gloire et au bonheur, les Allemands n'ont pas manqué de se munir des carnets. L'article 75 du *Règlement de service en campagne de l'armée allemande* le leur conseillait. Il invite expressément les soldats à rédiger quotidiennement en cours de route leur « journal de guerre ».

De ces carnets ou journaux, nous avons saisi un grand nombre dans les poches des prisonniers et des morts, au cours des premiers mois de la guerre, et nous y avons trouvé bien des choses intéressantes, terriblement intéressantes.

. . . .

Joseph Bédier en a extrait une série de récits qui nous montrent les crimes allemands avoués, proclamés avec enivrement par leurs auteurs eux-mêmes. Petit livre effroyable, inoubliable, que le noble historien de nos chansons de gestes a voulu écrire avec une critique aussi scrupuleuse que s'il discutait l'autorité d'une vieille chronique ou l'authenticité d'une charte. Enfin, un lieutenant interprète, M. Paul Hazard dans le dernier numéro de la *Revue des Deux Mondes*, nous apporte le fruit de ses lectures et de ses réflexions, depuis des mois que professionnellement il dépouille les papiers des prisonniers allemands. « Je crois assister, dit-il, à l'examen de conscience le plus complet et le plus sincère, entendre l'aveu le plus spontané et le plus ingénu. Un psychologue ne saurait désirer matière plus voisine des réalités mêmes ». Les lettres adressées à ceux qui vont mourir ne sauraient être que des effusions de cœur. Les carnets de route n'ont rien à cacher. Les mêmes traits, en se répétant, s'accusent et font apparaître, sous la multiplicité des détails, les caractères primitifs de tous ces soldats, quelles que soient leurs conditions sociales. « Ce que nous avons là, c'est la confession de l'Allemagne. »

Joseph Bédier et Paul Hazard sont d'accord pour dire que certains de ces carnets révèlent des monstres. Et les textes qu'ils nous donnent obligeraient les ennemis mêmes de la France à se ranger à cette opinion. Comment ces Allemands, ouvriers, socialistes, père de famille, universitaires cultivés, officiers gentilshommes, en sont-ils descendus là ?

Par orgueil, c'est la réponse universelle. Ils sont empoisonnés par l'idée qu'ils se font de la supériorité allemande. Ils appartiennent, pensent-ils, à une humanité supérieure qui doit se faire son chemin sans discussion, non pas au nom du droit, mais au nom de sa force colossale.

Au reste, séparez-les de la collectivité, déracinez-les, isolez-les, coupez le cordon ombilical, tirez-les de l'aquarium, rapidement ils se dégonflent.

Cela, M. Paul Hazard l'a bien vu. Il nous décrit ce que sont, une fois pris, ces féroces soldats-écrivains : « Quels pauvres débris offre le surhomme lorsqu'on lui a retiré tout d'un coup l'orgueil qui faisait son seul soutien ! » Et, résumant l'expérience personnelle qu'il a de ces prisonniers, l'excellent témoin décrit la réalité qu'il a trouvée au fond de tous les interrogatoires auxquels il a procédé, au fond de toutes les lettres qu'il a lues. Ce qu'il a trouvé ? Une âme qui s'était hissée au-dessus de l'humanité par l'orgueil, et qui, cet orgueil venant à lui manquer, se trouve dépourvue des vertus véritables qui font la force de l'homme.

Voilà qui est encourageant et qui doit nous persuader, dans notre demi-victoire, que la seconde partie de la tâche sera pour nos soldats plus aisée que la première.

J'ai entre les mains des notes hautement autorisées qui nous permettent de pousser encore plus loin les puissantes analyses de MM. Bédier et Hazard et de suivre, toujours d'après les interrogatoires, les carnets et les correspondances des Allemands, l'évolution de leurs sentiments tout au long de la guerre.

Au début, nos agresseurs étaient animés d'une foi inébranlable dans la supériorité militaire de l'Empire. Ils couraient sur la France à rangs pressés, avec un matériel formidable, en se glorifiant des souvenirs de 1870, et aussi des longues années de paix pendant lesquelles, nous et tous les peuples, nous avions toujours témoigné à l'Allemagne un esprit de conciliation et de patience qui pouvait sembler de la faiblesse.

L'orgueil et la persuasion de leur toute-
puissance rendent les Allemands méchants.
Cela éclate dans leur littérature universitaire
et dans leur pédantisme méphistophélique.
Cela se fit voir d'une manière plus certaine
encore dans leurs orgies démoniaques de Belgique et de Lorraine. La retraite stratégique
de nos armées, la facilité avec laquelle ils
progressèrent du 24 août au 5 septembre, leur
donnèrent un sentiment de supériorité absolu
et définitif, qui se manifeste dans tous les
documents saisis par nous au cours de cette
période cruelle.

La bataille de la Marne n'éveilla d'abord
chez eux qu'incompréhension et stupeur.
Ceux de leurs soldats qui tombèrent alors
entre nos mains prenaient de bonne foi leur
retraite comme un moyen de nous attirer
dans un piège. Mais cette retraite continuait ;
elle s'accomplissait en désordre, sans ravitaillements réguliers, avec d'effroyables fatigues.
L'importance des pertes subies et les effets
foudroyants de notre artillerie apparaissent
alors sur les carnets allemands ; ils y sont
notés avec une véritable terreur.

Quelques semaines passent ; l'espoir renaît ;
on trouve dans les lettres des officiers et des
soldats l'annonce d'une grande manœuvre qui

se prépare et qui doit de nouveau conduire les Allemands jusqu'à Paris. C'est la grande bataille pour Calais, la bataille qui s'est livrée à l'est de l'Yser.

Ah ! la leçon fut bonne. En dix jours, les Allemands perdirent plus de 150.000 hommes. Peut-être 200.000. Leurs troupes en sortirent terrifiées. Et d'une terreur qui s'est avantageusement propagée. De ce moment, leurs prisonniers ne se déclarent plus sûrs du succès. L'annonce de la prise de Varsovie les a bien réconfortés quelque temps. Mais le mensonge nourrit mal ; l'incrédulité s'est généralisée, et, depuis trois mois, les prisonniers les plus intelligents ont tous avoué que nul ne pouvait plus dire de quel côté serait la victoire.

Si l'on songe à l'absolue confiance dans laquelle avait été entretenu le peuple allemand, cet aveu prend toute son importance. Une lettre saisie sur le cadavre d'un officier expose l'imminence d'un encerclement militaire et économique de l'Allemagne. Elle admet qu'on pourrait se trouver, après la guerre, « mains vides et poches retournées ». Il n'est plus question d'imposer la loi du vainqueur à des adversaires réduits à merci, mais de lutter avec l'énergie du désespoir pour obtenir une paix honorable. Et, dès janvier, un officier d'état-major fait prisonnier déclarait : « Peut-être cette lutte du désespoir a-t-elle déjà commencé. »

Cette dépression des prisonniers constatée par M. Hazard et cette rapide diminution de la confiance des soldats, sitôt que la victoire échappe, s'explique si l'on admet, comme nous en sommes persuadés, que, de lui-même, l'Allemand est un faible individu qui tire de l'Empire son âme guerrière et son « aspiration surhumaine ».

Izoulet a publié un livre fameux pour établir que le « moi » individuel est un produit social, que c'est la Cité qui « pense » dans l'individu. J'ai toujours estimé qu'il avait raison quand je regardais par-dessus le Rhin (ou dans Strasbourg, dans Metz, les immigrés).

Ce n'est pas que nous cherchions à diminuer nos adversaires. A quoi bon ? Et le jeu serait sans dignité. Nos lecteurs savent que nous ne sommes pas disposés à méconnaître l'outillage prodigieux de l'Empire, non plus que les formations en masse de ses soldats. Mais ces excellences même confirment notre observation. Le Germain isolé n'est rien qu'un animal paisible et rêveur. Il se fait des tartines, il boit l'hydromel qu'il appelle de la bière, et il songe en fumant. L'association le transforme. Aussi aspire-t-il toujours à se former en horde, en société de chant, en séminaire scientifique, en confédération politique. C'est dans ces organismes qu'il puise ses énergies mystérieuses et monstrueuses.

En s'anéantissant, l'Empire arracherait à l'individu allemand l'âme même que nous lui voyons, lui soutirerait son être moral. La démolition de l'Empire, ce serait proprement la démolition de l'Allemand odieux de 1914-1915. La mer, en se retirant, laisserait pourrir le monstre sur le sable. Espérons que de cette forme détestable s'évaderait l'Allemand des légendes, celui qui, dit-on, fut brave homme.

Mais, quelle que soit la responsabilité de l'Empire et de sa mégalomanie dans la perversion allemande, celle-ci n'est pas douteuse. Elle demeurera affichée devant les nations et devant les siècles dans la collection de ces carnets de guerre qui sera déposée, après la paix, au fonds germanique des manuscrits de la Bibliothèque nationale.

On peut publier le *Carnet de Marcel Drouet*, mort au champ d'honneur, l'*Itinéraire de Victor Boudon*, relatant l'héroïsme de Charles Péguy, ou les notes trop brèves des frères d'armes de Psichari, on n'y trouvera rien qu'à la gloire de l'humanité. Mais les carnets des Teutons, toutes exceptions faites comme il convient, sont d'une telle nature que l'autorité allemande, comprenant quels témoignages redoutables ses soldats fournissaient contre eux-mêmes, vient de leur interdire officiellement qu'ils continuent à écrire ces carnets qu'elle-même leur avait conseillé de tenir.

Est-ce crainte des crimes qu'ils relatent, ou de l'usure morale qu'ils confessent ?

P.-S. — Notre ami, l'aspirant Jean Variot, l'auteur de ce beau livre, les *Hasards de la Guerre*, sur le point d'être nommé sous-lieutenant, vient d'être blessé. Nul détail. Nous les attendons avec espérance. Que les félicitations et les vœux de tous ses amis et admirateurs le rejoignent rapidement !

XXIV

L'ALLEMAGNE A PERDU SA FOI

9 Avril 1915.

Voilà une demi-douzaine de socialistes allemands, dont deux femmes, et puis quelques publicistes à la solde du Kaiser, qui se mettent à crier : « Kamerads ! Kamerads ! » en levant les mains en l'air.

Nous connaissons le coup. Ils nous l'ont fait à la Chipotte, et trente fois ailleurs, et hier encore au Vieil Armand. Quand les Allemands sont dans l'angoisse, leurs officiers leur disent : « Faites semblant de vous rendre ! Gémissez, suppliez ! » Nos braves soldats s'avancent sans méfiance, généreusement, et soudain les Boches s'éparpillent à droite, à gauche, se jettent à terre, démasquant des mitrailleuses. Le tour de coquin est joué.

Qu'est-ce que l'Allemagne manigance ? Elle constate qu'elle a mal calculé son élan, qu'elle ne peut pas vaincre de cette fois, que c'est une partie à recommencer. Elle voudrait souffler, signer une paix, se préparer à la guerre et s'y remettre dans cinq ans. Les trois socialistes et les deux dames qui lèvent les mains en l'air et qui crient : « Kamerads ! » sont-ils dupeurs, sont-ils dupés ? Je n'en sais rien, mais derrière eux, on recharge les mitrailleuses.

Toutes les attaques ennemies ont été repoussées, sauf celle au nord de Soissons, qui ne réussit qu'en raison de la crue de l'Aisne et de la rupture des ponts, et que les Allemands n'ont même pas tenté de renouveler.

Au contraire, la plupart de nos attaques ont obtenu des résultats importants. L'offensive allemande en Pologne est enrayée. L'offensive russe se poursuit en Galicie et dans les Carpathes. Les forces alliées accusent et vont continuer d'accuser une augmentation croissante, tant au point de vue des effectifs et des cadres qu'au point de vue du matériel, tandis que les forces allemandes ont atteint le maximum de leur puissance, et ne pourront plus que décroître en nombre et en valeur. Voilà le bilan exact des derniers mois.

Pour obtenir un succès total, il nous suffit de savoir l'attendre et le préparer avec une patience inlassable. Et nous accepterions de traiter sur les bases du *statu quo*? Nous dirions : « Il y a maldonne » ? Nous resterions avec nos deuils et nos ruines ? Et juste au moment où l'offensive allemande est brisée ?

Car elle est brisée, Liebknecht, votre offensive. Faut-il, une fois encore, en donner les précisions et les dates ?

C'est sur la Marne, quand, ivres d'orgueil, ils croyaient bien saisir Paris, que leur force totale, massée pour tout écraser, fut étonnée, vacilla, dut reculer pour la première fois. Ils crurent pouvoir se ressaisir, oser encore. Du 23 octobre au 30 novembre, ce furent d'extraordinaires efforts afin d'obtenir à tout prix une décision dans les Flandres.

Le plan était superbe d'audace. On avait manqué Paris. Il s'agissait maintenant d'atteindre Calais, d'enlever Ypres, et, par l'un et l'autre point, de menacer l'Angleterre dans le ravitaillement de son corps expéditionnaire, peut-être même dans son île.

Toutes les mesures furent prises pour exalter le moral des troupes. Le Kronprinz de Bavière avait exhorté ses soldats « à faire contre l'aile gauche française l'effort décisif » et à « trancher ainsi le sort de la grande bataille entamée depuis des semaines ». Le général de Deimling, commandant le 15e corps d'armée, déclarait à ses troupes : « La percée sur Ypres sera d'une importance décisive. » L'empereur en personne se porta à Thielt et à Courtrai. pour encourager l'ardeur des troupes.

Avec une énergie magistrale, appuyée d'une immense artillerie lourde, plus de 50 corps d'armée exercèrent leur effort contre les armées franco-anglo-belges. Ils échouèrent par la côte, quand ils visaient Dunkerque, Calais, Boulogne ; ils échouèrent également sur Ypres. Avec quelle violence, du 25 octobre au 13 novembre, l'attaque se déploya quotidiennement, l'histoire le dit, et la légende parlera toujours

de cette jeunesse, la fleur des universités allemandes, qui n'avait jamais vu le feu et qui
fut menée, chantant des chants pangermaniques, en formations massives, sous le tir de
trois cents pièces anglaises et françaises groupées dans un front de quelques kilomètres.
L'héroïsme de nos fusiliers-marins et de toutes
nos armes fut sublime ; le carnage effroyable.
« Nous avons trouvé sur le terrain plus de
40.000 cadavres allemands », disent nos rapports officiels. Les envahisseurs perdirent près
de 200.000 soldats dans cette seule bataille
d'Ypres.

Cet échec fut d'immense portée. Il domine
la situation présente de l'armée allemande. Nos
adversaires, pour obtenir Paris, puis Calais,
ont mis en œuvre toutes leurs forces. Vainement. Les voici condamnés à subir le contrecoup de cet inutile effort, si périlleux parce
qu'il était à la fois énorme et précipité. Malgré
le chiffre élevé de leur population, ils ne
peuvent plus, par suite de l'abus immédiat et
stérile qu'ils ont fait de leurs ressources, prétendre à reconquérir la supériorité du nombre.
Ils en sont réduits sur leurs deux fronts de
guerre à faire face de leur mieux aux forces
sans cesse croissantes des Alliés. Ils avaient
atteint le maximum de tension en obtenant le

minimum de résultats. Les voilà, au point de vue des effectifs et des cadres, dans un état d'usure que la sagesse de Joffre, la lenteur anglaise et l'inépuisable abondance russe nous ont évité. L'Allemagne est en présence de difficultés qui, pour elle, iront désormais en augmentant. Ces difficultés expliquent les paroles de paix que les Impériaux font lancer pour tâter le terrain. Démarches au Vatican, propositions plus ou moins officielles à Pétrograd, enfants perdus du socialisme impérial; nous serions des fous de nous y prêter.

Les Allemands ne peuvent plus nous opposer des forces supérieures aux nôtres. Ils ne réussiront donc pas dans l'avenir ce qu'ils n'ont pu réaliser alors qu'ils étaient d'un tiers plus nombreux que nous.

L'offensive allemande est brisée ; la défensive allemande le sera à son tour. Notre victoire finale résulte avec une impérieuse nécessité de la force concordante des faits et des chiffres. La démarche soudaine de Liebknecht et de ses amis est un fait qui vient s'ajouter à ceux que j'ai indiqués et qui confirme la certitude où nous sommes que l'Allemagne a perdu sa foi dans sa supériorité.

XXV

LE SYSTÈME COLOSSAL ET L'AUTRE

10 Avril 1916.

Junius disait hier avec justesse que Joffre est économe du sang de ses soldats, et il attribuait à cette humanité la vigueur de notre armée croissant en nombre alors que l'armée allemande, menée par des prodigues, par de vrais bourreaux, va s'épuisant.

Je ne diminuerai rien de ce qui a été dit du cœur de notre généralissime, mais j'y joindrai l'éloge de sa raison de chef. C'est par un sage dessein, par une haute conception intellectuelle que notre généralissime a témoigné utilement sa sollicitude pour l'armée. Et la plénitude de nos cadres et de nos effectifs, après huit mois de guerre, tient à la méthode selon laquelle le haut commandement a réglé l'appel de nos effectifs et créé nos formations.

La mesure, le bon goût, le « rien de trop » ont conseillé une fois de plus le génie français, tandis que les Allemands s'inspiraient, à leur ordinaire, de leur violence, de leur orgueil démesuré, de leur aspiration au colossal.

Des deux styles, l'univers peut voir à cette heure, dans une question de vie ou de mort, quel est le plus solide, quel est celui qui doit avoir le dernier mot, vaincre le sort, apporter le salut.

L'effort militaire de l'Allemagne, au début de la campagne, a débordé toutes les prévisions. Vous rappelez-vous le mois d'août et notre sentiment, quand nous avons commencé de discerner quelle avalanche arrivait sur la France ?

Ah ! les Belges ont bien tenu dans ces journées inexpiables, dans la kermesse infernale. Et nos soldats, comme ils gardèrent une indomptable espérance !

Savez-vous ce que l'Allemagne déchaînait sur nous de troupes de combat ? Riens moins que le double de ce que nous attendions, soixante et un corps d'armée, au lieu de vingt-cinq qu'elle aligne en temps de paix. Et quand cette masse eut échoué dans la grande ruée triomphale sur Paris et se fut brisée sur la Marne, eh bien ! l'Allemagne fit un nouvel effort. En octobre, elle leva huit corps de complément, en vue de la grande reprise offensive sur Calais et sur Londres.

Mais elle avait atteint son maximum. La bataille lui rompit sa force de fonds, du moins sa force offensive. Elle avait dès lors à payer l'effort énorme et précipité qu'elle avait en vain réalisé.

Aujourd'hui nos ennemis se trouvent au point de vue des effectifs et des cadres, dans un état d'usure que le général Joffre a su nous éviter. Ils ont, suivant le proverbe populaire, mis tous les œufs dans le même panier, et malgré le chiffre élevé de sa population, l'Allemagne, après cet abus immédiat et stérile qu'elle a fait de ses ressources, ne peut plus prétendre à reconquérir la supériorité du nombre.

Les renseignements que nous possédons par les listes officielles allemandes, par les carnets, correspondances ou archives des prisonniers et des morts, ont permis aux gens compétents d'établir que nos adversaires perdent, d'une manière définitive, une moyenne de 260.000 hommes par mois. A ce moment, l'Allemagne dispose de 800.000 recrues. Si elle les emploie à de nouvelles formations, elle s'interdira de boucher les trous des anciennes. On peut croire que cette difficulté d'avenir n'arrêtera pas le grand état-major allemand. Il fait tout en vue des résultats immédiats. Il va créer des formations nouvelles. C'est se mettre dans l'impuissance de recompléter ses effectifs. Et cette faiblesse sera encore aggravée par la situation des cadres.

La création des corps nouveaux a obligé l'Allemagne, dès août et octobre, à prélever des officiers dans les anciens corps. Ensuite sont intervenues des pertes formidables. Aussi la proportion des officiers dans les régiments allemands, depuis le début de la guerre, est-elle réduite à un chiffre tout à fait insuffisant. Si l'Allemagne, avec ses ressources actuellement disponibles, crée de nouveaux corps d'armée, elle s'interdira de recompléter en hommes ses effectifs, et de plus elle réduira jusqu'à un chiffre presque nul le nombre de ses officiers de carrière, qui, aujourd'hui, est très insuffisant.

Voilà le résultat du système allemand. Ce système avait besoin, dès le début de la campagne, d'un succès contre la France, rapide et foudroyant, avant que les Russes n'entrassent en action, avant que les réserves anglaises n'intervinssent, avant que la gêne économique ne se fît sentir. D'où la création en toute hâte de corps nouveaux, quitte à ne pas pouvoir les entretenir longtemps. Cela

importait peu, puisque par définition la victoire devait être immédiate.

Mais cette victoire nécessaire, les Allemands ne l'ont pas eue.

L'autre système, le système français, con-
siste, appuyé sur la liberté des mers, à maintenir en bonne et complète forme un nombre
d'unités suffisant, et à n'en créer de nouvelles
que dans la mesure où l'on est certain de
pouvoir les entretenir et les encadrer conve-
nablement, d'une manière durable.

Tandis que l'Allemagne constituait en
grand nombre des unités nouvelles, corps
d'armée ou divisions, qui absorbaient d'un
seul coup ses hommes et ses cadres disponibles, le haut commandement français s'est
attaché à ne créer de nouvelles unités qu'en
nombre limité et seulement quand il était
sûr de pouvoir, tout en complétant les unités
existantes, alimenter largement les nouvelles
en hommes et en cadres, dans l'avenir aussi
bien que dans le présent.

Les troupes françaises actuellement au
front comptent plus de deux millions cinq
cent mille hommes. Leur effectif est par conséquent supérieur d'un cinquième à celui des
forces mobilisées au début de la campagne.
Et les ressources actuelles de nos dépôts sont

égales à la moitié, ou peu s'en faut, des hommes au front. C'est dire que dans l'avenir comme dans le passé, la permanence de nos effectifs sera invariablement maintenue. Au surplus, des ressources nouvelles, bien ménagées par les appels précédents, s'ajouteront aux ressources actuelles dans une proportion qui dépasse les prévisions les plus optimistes.

Voilà le système français, établi en vue d'une guerre prolongée.

De ces deux systèmes, après neuf mois d'épreuves, lequel doit triompher?

Allez le demander à l'empereur allemand, méconnaissable, me dit-on, tant l'inquiétude le ronge. C'est en vain qu'il invoque et supplie *Unser Gott*. Ce vieux Dieu cruel, ce vieux Satan méphistophélique n'est que jalousie et se plaît aux bouleversements. Il s'amuse à procurer à l'homme des succès passagers pour éveiller en lui les illusions fatales et lui faire exécuter ainsi de plus réjouissantes culbutes. Guillaume et son Empire meurent victimes de leur orgueil démesuré, qui leur inspira des visées et des plans de style colossal.

Le Kolossal, voilà sur quoi s'hypnotisent, dans tous les ordres, les Allemands de l'Empire. Cela leur vient de leur triomphe de 1870, et puis de leur sang. Nous, par contre, nous disons avec les Hellènes, dont nous sommes sur ce point les héritiers : « La mesure est ce qu'il y a de meilleur », ou bien encore : « Rien de trop ». C'est avec émotion que dès maintenant nous pouvons constater que les opérations de notre salut s'accomplissent en conformité avec les mœurs constantes de notre génie. L'idée du colossal est unie par un lien mystérieux à la destinée et à l'âme germaniques, comme l'esprit de mesure et la crainte des excès règlent tous les chefs-d'œuvre de l'action et de la pensée françaises.

XXVI

NOS OFFICIERS

12 Avril 1915.

« Vous parlez de l'usure des cadres chez les Allemands, m'écrit un lecteur. Mais, monsieur Barrès, il pleut sur les deux armées. Et si nos ennemis manquent d'officiers, ignorez-vous, niez-vous les pertes que nous-mêmes nous avons faites, surtout dans les grades subalternes de l'infanterie ? »

Eh ! mon cher correspondant, qui de nous ignore, oublie des deuils qui sont l'honneur du corps des officiers ? Il n'est pas un Français qui ne sache de tels sacrifices et comment nous y fûmes amenés. J'ai parlé ici même de ces « tireurs d'officiers » — le mot est resté — qu'entretiennent systématiquement les Prussiens. C'est demeurer dans une explication superficielle de nos pertes. Allons au fond. L'histoire dira qu'au premier mois de la guerre, il manquait à nos officiers la considération et le prestige qui rendent l'autorité facile et que, souvent, ils se firent tuer, en s'exposant d'une manière excessive, pour émouvoir et ressaisir des imaginations prévenues. Non par gloriole et pour leur plaisir, mais parce que, à certains moments, ils jugeaient indispensable de frapper l'esprit de la troupe. Saluons la force d'âme de ceux qui durent conquérir leurs troupes avant de conquérir la victoire, grâce à eux maintenant certaine.

Nos pertes furent énormes. Pourtant, grâce aux qualités guerrières de notre race et à l'élasticité de nos lois sur l'avancement en temps de guerre, grâce à notre feu naturel et aux bonnes méthodes de notre grand état-major, l'armée française, après neuf mois de guerre, possède un commandement et des cadres de toute solidité, et qui ont acquis une expérience qu'ils ne possédaient pas au début de la campagne.

Dans la cavalerie, nous avons en moyenne 35 officiers présents par régiment, au lieu de 31 qui sont nécessaires.

L'artillerie aussi offre des excédents. Elle dispose d'un très grand nombre de capitaines ou de chefs d'escadron qui étaient, en temps de paix, répartis entre les établissements de construction ou d'étude, et ses officiers de réserve se sont montrés, presque tous, excellents commandants de batterie.

C'est naturellement l'infanterie qui a le plus souffert, surtout dans ses capitaines et lieutenants. Toutefois, elle est loin de manquer d'officiers. Beaucoup des blessés, du moins ceux qui avaient été atteints par des balles de mitrailleuses, sont rapidement revenus au front. Les officiers de réserve ont montré, dans nombre de cas, des aptitudes de premier ordre pour le commandement des compagnies. Les sous-officiers rengagés, de l'active ou de la la réserve, nommés sous lieutenants, font d'excellents chefs de section

11.

et même des commandants de compagnie habiles et vigoureux sur le terrain. Enfin, on a pu facilement puiser dans les cadres inférieurs et jusque dans le rang.

J'ajoute que les élèves des grandes écoles, Saint-Cyr, Forestière, etc., ont été heureusement utilisés comme officiers et que, dans ce moment même, à Saint-Cyr, à Saumur, on forme des jeunes engagés volontaires à qui ne manquera pas la gloire, dans quelques semaines, si leur bonheur égale l'impatience qui les anime.

Ainsi, après huit mois de guerre, les cadres de notre armée présentent une solidité très satisfaisante. Veut-on des chiffres pour l'infanterie? Chacun de ses régiments compte en moyenne 48 officiers, dont 18 de carrière, 15 de réserve et 15 anciens sous-officiers. Et dans chaque régiment, sur 12 compagnies 6 au moins sont commandées par des capitaines de carrière, 3 par des capitaines de réserve ayant fait leurs preuves, 3 par des lieutenants. Il y a, dans chaque compagnie, au moins 3 officiers. C'est une situation très supérieure à celle des cadres allemands.

Alors que chez nous, dans chaque régiment, quel qu'il soit, il y a au moins 18 officiers de carrière, en Allemagne la moyenne est de 12 dans les régiments actifs, de 9 à 10 dans les régiments de réserve, et de 6 à 7 dans les régiments de formation récente. Ces proportions, très insuffisantes, vont encore être réduites, car nos adversaires créent de nouvelles unités, pour lesquelles ils prélèveront des officiers dans les corps existants. C'est dire qu'ils vont abaisser, réduire à un chiffre presque nul le nombre de leurs officiers de carrière qui, dès maintenant, est très insuffisant.

Ce qui fait notre supériorité, c'est que chez nous le mérite constaté sur le terrain peut être immédiatement consacré et utilisé. Grâce au développement physique et intellectuel de la génération appelée sous les drapeaux, grâce surtout aux qualités guerrières de notre nation et à cet esprit généreux, éloigné de toute morgue, qui règne dans l'armée, on a pu facilement faire sortir des rangs, au fur et à mesure des besoins, le mérite. Nombreux sont les hommes qui, partis le 2 août comme simples soldats, sont aujourd'hui arrivés à l'épaulette. Notre système de nominations pour la durée de la guerre, l'absence d'esprit de caste, le bon accueil réservé par leurs officiers à ceux de leurs inférieurs qui ont montré au feu les aptitudes et les qualités de chef, ont permis de pourvoir à tous les besoins. Nous sommes sauvés, cela est bien beau, par nos qualités de civilisation.

Foin des systèmes ! Soumettons-nous avec une intelligence pleine de bonne volonté aux leçons de ces grandes expériences. Nulle formule n'enserre la réalité. Mais la plus fausse contient sa parcelle de vérité. Dans les tranchées, quand un capitaine n'a plus de lieutenant, il n'est pas rare qu'il s'adresse aux hommes : « Eh bien ! mes enfants ? » Et ceux-ci de désigner celui qui, du consentement de tous, montre le plus de bravoure et de bon sens dans l'action. Le nom s'en va rapidement jusqu'au grand quartier général, qui le ratifie. Il n'est pas nécessaire que l'interrogation du chef soit si précise que je viens de dire ; mais retenez que, dans cette guerre, les nominations aux grades subalternes se font en accord avec l'opinion des soldats. Êtes-vous contents, partisans de l'élection des chefs par leurs troupes ? Mais, en même temps, reconnaissez cet autre fait d'expérience, c'est que l'armée et ces admirables officiers non professionnels vivent d'un esprit traditionnel qui est l'esprit du corps des officiers, une manière de penser et de sentir, non pas un enseignement, ou du moins un enseignement vivant, une leçon non rédigée, mais fournie à chaque heure.

L'esprit militaire indispensable à une armée se conserve dans le corps des officiers de carrière ; les hommes désignent pour les grades subalternes les meilleurs d'entre eux, voilà des faits d'expérience qui nous rapprochent, les uns des autres, Français de toutes opinions, comme nous unit l'admiration qu'il faut bien que nous éprouvions pour le génie éternel de la France, chaque fois que nous maintenons notre regard sur un des compartiments, quel qu'il soit, où nous travaillons victorieusement pour notre salut.

Cet examen est donc utile. Il consolide notre union spirituelle et nous donne l'occasion d'admirer et d'aimer nos soldats et leurs chefs. Si vous voulez, après avoir parlé des cadres, nous parlerons du commandement, du matériel, des transports où les ingénieurs et les cheminots ont tant de mérite, du service des ravitaillements, et partout nous confirmerons nos certitudes de vaincre.

XXVII

DES CHEFS JEUNES ET UNIS

13 Avril 1915.

Joffre a la confiance du pays par le commandement qu'il exerce et par les commandements qu'il a su installer au-dessous de lui. C'est un chef qui a su créer des chefs. Où voulez-vous que l'on remonte dans l'histoire de France pour trouver une autorité si rapidement établie du haut en bas de la nation? J'admire les généraux qu'il a installés et ceux qu'il a dépossédés. Ces derniers, en ne discutant pas, se conduisent en braves gens. A cette heure sacrée, on exige que toutes les forces individuelles, sans discussion, se soumettent à la loi du salut public. Joffre l'obtient ; Joffre, au milieu de la tragédie, est un faiseur de calme.

Ce qui est prodigieux dans son affaire, c'est comme il a su, en cours de route, changer ses outils, remanier tout l'organisme militaire, lui qui avait écrit : « Une fois les hostilités commencées, aucune improvisation ne sera valable. Ce qui manquera alors manquera définitivement... »

Il l'avait écrit, mais il a fait l'impossible puisqu'il le fallait.

L'Allemagne, dans les quatre premières semaines de la guerre, a obtenu un avantage momentané. Vous en savez bien les raisons. Elle avait prémédité et préparé la guerre. Le chiffre de ses effectifs et la qualité de son artillerie lourde lui donnaient une énorme supériorité, qu'à cette heure elle a bien perdue. Et puis, il y eut chez nous des défaillances individuelles et collectives, des imprudences commises sous le feu de l'ennemi, des divisions mal engagées, des déploiements téméraires et des reculs précipités, une usure prématurée des hommes, quelque insuffisance tactique de certaines troupes et de leurs chefs, en ce qui touche l'emploi de l'infanterie ou de l'artillerie.

Le généralissime osa prendre immédiatement des mesures, et pourvoir dans les conditions les meilleures aux vacances créées par les sanctions qu'il jugea nécessaires. On s'aperçut qu'on avait à la tête des armées de la France et préposé à notre vie ou à notre mort, un homme de caractère. C'était en août 1914. Les affaires tournaient mal, et pourtant nous nous sentions sauvés,

Je ne me permets pas d'avoir une opinion sur les chefs qui furent écartés. Qu'est-ce qu'une opinion qui n'est pas motivée ? Je ne dois pas juger des opérations militaires, qui dépassent ma compétence. Mais on aime qu'écartant toute considération secondaire, le grand chef responsable dise : « Je veux choisir moi-même mes outils. Je travaillerai avec des collaborateurs selon mon esprit... »

Les importantes modifications introduites par Joffre depuis le début de la campagne ont rajeuni le commandement et porté aux plus hauts grades des chefs jeunes et éprouvés. Tous les généraux âgés qui se trouvaient en août à la tête de grosses unités ont été peu à peu éliminés, les uns par suite des fatigues de la campagne, les autres par leur affectation à des fonctions du territoire.

Ce rajeunissement a porté sur tous les degrés de la hiérarchie, depuis les commandants de brigade jusqu'aux commandants d'armée. Résultat ? Un abaissement de dix ans dans la moyenne d'âge. Plus des trois quarts des commandants d'armée et de corps d'armée ont aujourd'hui moins de soixante ans. Certains ont beaucoup moins. Plusieurs des commandants de corps d'armée ont cinquante-quatre ans, ou cinquante-deux, ou quarante-six. Quant aux généraux de brigade, quasi tous, ils ont moins de cinquante ans.

Au total, il n'y a sur le front qu'un nombre infime de généraux ayant dépassé soixante ans, et ceux-là, on peut être sûr qu'ils possèdent en plein leurs moyens physiques et intellectuels.

Un grand nombre d'officiers, partis en campagne comme colonels, commandent aujourd'hui des brigades, voire des divisions, voire des corps d'armée. Depuis huit mois, le mérite constaté sur le terrain est immédiatement consacré et utilisé.

Le général Joffre a pu procéder à ce rajeunissement de ses armées avec beaucoup d'aisance, grâce au système des nominations pour la durée de la guerre, qui donne à l'avancement beaucoup de souplesse, et grâce à l'abondance des cadres supérieurs, créés dans les trois dernières années. Mais ces commodités n'eussent servi de rien sans la conscience professionnelle de ce chef au génie formé de bon sens, de méditation et de fermeté.

Aujourd'hui, le commandement français est animé d'une grande unité de doctrine et d'un esprit de solidarité qui s'est affirmé avec éclat, notamment au cours des nombreux transports de corps d'armée effectués en cours d'opérations. Cette volonté qu'eut Joffre de trier ses hauts chefs émerveilla et réchauffa, dès le début de septembre, ceux que l'événement épouvantait. Ce fut le fait où la France trouva son premier salut.

P.-S. — Je reçois d'Alexandrie une lettre qui me décrit « le grand et complet triomphe que vient de remporter le prestige de la France en Égypte ». Nos soldats ont été « frénétiquement acclamés par une population en délire ».

Ils sont campés très loin de la ville, une heure environ de train, à Siout. Pourtant, inlassablement, la population se porte en foule à leur camp, avec de nombreux cadeaux, et rentre émue, enthousiaste de l'accueil charmant qu'elle y trouve et de la confiance dans la victoire qu'elle en raporte.

L'arrivée constante de nouveaux contingents français donne à la ville un air de fête et d'allégresse. Fenêtres et balcons sont pavoisés. Fantassins, fusiliers-marins, cavaliers de toutes armes, sapeurs du génie, sénégalais, artilleurs, marins, tirailleurs algériens, zouaves et turcos déambulent par les rues, accompagnés par des civils de toutes nationalités, acclamés, fêtés. On leur offre à profusion des oranges, des cigarettes, des fleurs, des journaux, à boire, tout ce qu'ils veulent.

Les canons « 75 » et les artilleurs qui les accompagnaient étaient recouverts de fleurs. On aurait dit le premier jour de la mobilisation en France, ou le départ des batteries pour le front.

Les vérandas des clubs (internationaux ou natio-

naux : italien, hellène, etc...), pleins des membres les
plus influents, représentant l'élite de la population
alexandrine, acclamaient continuellement les troupes,
applaudissaient, saluaient des plus chaleureuses démons-
trations de sympathie, aux cris de : « Vive la France ! »
les parfaits soldats de la Grande Revanche.

Notez bien que ces prévenances constantes viennent
non seulement de vos compatriotes, ce qui est bien
naturel, mais de tous nos concitoyens, à quelque nationalité qu'ils appartiennent.

Il va sans dire que soldats anglais, australiens et
français, fraternisent à plein cœur. C'est sous une voûte
de drapeaux multicolores que pioupious et mathurins
se promènent en groupes nombreux, presque silen-
cieux, sous la conduite de leurs jeunes éclaireurs boys-
scouts français, hellènes et anglais.

En un mot, les soldats français ont fait en quelques
heures la conquête pacifique et cordiale d'Alexandrie.

Je laisse à cette lettre, qui n'était pas destinée au public, son caractère familier et un
peu en désordre. On est si content, n'est-ce
pas, de voir la place que la France retrouve
déjà par sa demi-victoire dans le cœur et
dans la raison des peuples. Que sera-ce
demain ? Et quelle gratitude la nation doit à
ses soldats et aux morts des huit derniers
mois !

XXVIII

LEURS FORCES S'USENT
LES NOTRES S'AUGMENTENT

14 Avril 1915.

Notre idée, dans cette suite d'articles sur la situation comparée des armées françaises et allemandes, après huit mois de guerre, c'est de présenter à nos lecteurs des tableaux vrais, des faits recueillis aux meilleures sources, qui ont pour première vertu d'être certains et dont je me fais le secrétaire avec empressement, parce qu'ils sont de nature à nous réjouir, à justifier notre confiance unanime.

L'armée allemande, si puissante et si courageuse qu'elle soit, n'a réussi sur aucun point à s'assurer l'avantage, et son arrêt forcé la condamne à une retraite dont les succès russes pourront accélérer la marche, mais que notre seule pression suffit à rendre nécessaire.

Précieuses tranchées ! On les maudit ; j'y vois plutôt une des chances, un des miracles qui, depuis neuf mois, nous favorisent. Nous n'étions pas prêts. Cette guerre des tranchées, dont nous nous plaignons bien légèrement, nous a laissé le temps de compléter, perfectionner et, dans certaines parties, créer notre organisation.

Que disait Joffre, l'homme à l'unique discours? Joffre, qui n'a parlé qu'une fois, ou du moins de qui l'imprimerie n'a répandu qu'une fois les paroles, a déclaré, dans cette unique occasion et devant un superbe auditoire des anciens élèves de Polytechnique :

« Pour être prêts aujourd'hui, il faut avoir par avance orienté avec méthode, avec ténacité, toutes les ressources du pays, toute l'intelligence de ses enfants, toute leur énergie morale, vers un but unique : la victoire. Il faut avoir tout organisé, tout prévu. Une fois les hostilités commencées, aucune improvisation ne sera valable. Ce qui manquera alors manquera définitivement. Et la moindre lacune peut causer un désastre. »

Il disait cela, le sage généralissime, en 1913. Nous ne l'avons pas entendu, et c'est malheureux. Mais ce qui est fort heureux, c'est que l'Allemagne non plus ne l'avait pas entendu, ou pas compris. Elle s'est allée mettre dans des trous... Vous m'interrompez pour me dire que l'Allemagne s'est mise derrière des abris parce qu'elle n'osait pas affronter une nouvelle grande bataille, parce qu'elle sortait d'éprouver notre élan. Vous avez raison. Mais tout de même, on peut le dire aujourd'hui. la colossale Allemagne nous a laissé le temps de mobiliser toutes nos ressources et de profiter de la liberté des mers.

L'utilisation méthodique et complète de toutes les ressources du pays, organisée dès les premiers mois de la guerre, nous a permis de constituer un stock considérable d'approvisionnements nouveaux. Et une production croissante nous est désormais garantie. Nous sommes certains de pouvoir faire face, sans effort et sans à-coup, à toutes les nécessités du présent et de l'avenir, si longue que soit la guerre.

L'énorme consommation de projectiles que fait le merveilleux 75 avait provoqué, à un moment donné, nul ne l'ignore plus, une crise des munitions. Elle est si bien conjurée qu'il nous a été permis de céder des projectiles à plusieurs des armées alliées, l'armée belge et l'armée serbe entre autres.

On sait également qu'à l'heure choisie par l'Allemagne pour se ruer sur nous, notre artillerie lourde était en voie de réorganisation, et qu'il en est résulté pour nous dans les premiers combats une infériorité indiscutable. Mais aujourd'hui, les rôles sont renversés, et, de l'aveu même de nos adversaires, notre artillerie lourde a pris la supériorité par son abondance, sa puissance, sa portée et sa précision.

J'ai sous les yeux des interrogatoires de prisonniers, des extraits de carnets de guerre. On y entend des cris de terreur et des renseignements d'un haut intérêt sur les effets de notre tir.

Comment avons-nous pu nous outiller si bien en pleine guerre ? Grâce à la belle idée qu'ont eue messieurs les Boches de se fourrer dans des trous. Le délai nous a permis de fabriquer intensivement une partie d'un nouveau matériel et puis de transformer et de perfectionner des pièces de tous calibres qui existaient dans nos places. Elles ont été mises en œuvre de manière qu'elles possèdent toutes les qualités des armes les plus modernes. Il n'y fallait que du génie et du temps. Le génie, c'est notre affaire ; le temps ils nous l'ont donné. Et ces ressources ne sont pas épuisées. Le nombre très élevé de pièces de gros calibre qui sont au front ne représente qu'une partie de ce qui peut être utilisé.

Tout ce matériel varié, canons à longue portée et à trajectoire tendue, canons à tir courbe et à grande puissance, canons demi-lourds possédant une mobilité comparable à celle des canons de campagne, nous mettent à même, aujourd'hui, d'adapter notre tir à toutes les nécessités de cette guerre. Elles sont diverses. La guerre de tranchées a donné naissance à un mode de combat inattendu. Pour cette lutte à distance rapprochée, les Allemands possédaient des engins leur donnant une certaine supériorité. Après quelques tâtonnements, l'esprit inventif de nos officiers et de nos ingénieurs a pu réaliser dans les derniers mois tout un nouvel outillage entièrement au point.

Les efforts de la fabrication nationale et l'exploitation des ressources de l'étranger permettent d'expédier constamment sur le front de nouvelles sections de mitrailleuses pourvues d'un personnel parfaitement exercé. Et nous avons toutes les ressources voulues pour armer nos troupes de renforts, quels que soient leurs effectifs.

D'ailleurs, on ne me demande pas une nomenclature des résultats obtenus et des ressources accumulées. L'intéressant à établir, c'est que, dès que nous avons eu le temps, le puissant outillage industriel de la France et de l'Angleterre, constamment alimenté grâce à la liberté des mers, nous a permis de réparer les fautes d'avant la guerre, et que l'Allemagne, qui ne nous a pas eus, quand elle était forte, va tomber à notre merci, maintenant qu'elle faiblit et que nous sommes prêts.

Les ports français regorgent de bateaux et d'approvisionnements. Partout, on est obligé de construire de nouveaux docks pour entreposer les envois de toutes sortes qui affluent de l'étranger. Des ports quasi déserts en temps de paix sont encombrés, et, au Havre, les bateaux sont obligés d'attendre une place à quai pour pouvoir débarquer.

Après cela, songez à Hambourg. Malgré ses énormes approvisionnements, l'Allemagne a souffert déjà et souffrira de plus en plus de l'impossibilité de se ravitailler par mer. Cette impossibilité pèse lourdement sur son industrie militaire, on l'a déjà dit et nous préciserons, et elle amènera le manque de vivres, comme en témoignent déjà le monopole et le rationnement des céréales qui sont des mesures sans précédent, si ce n'est dans l'histoire des places fortes.

Lecteurs, à qui de vous resterait-il un doute sur les chances respectives des deux pays ? Le monde n'a jamais eu de puissance militaire plus forte que l'Allemagne en août 1914, et pourtant la voilà sans avenir. Les ressources considérables en hommes, cadres, matériel, munitions, alimentation, dont elle disposait, il y a neuf mois, elle les a largement dépensées, dès le début de la campagne, dans l'espoir de nous écraser sous l'effet de la surprise et sous l'effort de la masse; mais aujourd'hui, après l'échec de cette offensive colossale, il lui reste à peine de quoi résister défensivement.

Usure économique, usure militaire, usure morale, voilà le diagnostic que l'on commence de pouvoir porter sur l'orgueilleuse Allemagne, dans le même moment où les arbitres constatent que la situation de notre armée est excellente et sensiblement supérieure à ce qu'elle était au début de la guerre.

Ce ne sera pas assez de toute la pédanterie des professeurs allemands pour chercher à travers les siècles des excuses à ce fameux grand état-major impérial, si infatué de sa science, qui s'est arrêté à la tactique la plus favorable pour nous autres. On répètera indéfiniment que l'empereur Guillaume et ses grands chefs ont précisément adopté le plan qui convenait à notre Joffre. Grâce au temps qu'ils nous ont donné, qu'ils n'ont pas su nous arracher, la France a pu décider de ne produire son effort que lorsqu'elle aura réuni tous les moyens sur lesquels elle sait pouvoir compter, dans un délai que Joffre et Millerand connaissent avec une absolue certitude.

P.-S. — Je viens de recevoir de M. H. Darcy, président de la Société des Mines de Houille de Blanzy, la lettre généreuse que voici, dont la *Fédération Nationale d'Assistance aux Mutilés de la Guerre* remercie la direction, les ouvriers et les employés de Blanzy, et je salue avec respect les cent d'entre eux qui sont tombés au Champ d'honneur.

Monsieur le Président,

J'ai l'honneur de déposer entre vos mains l'offrande du personnel de nos mines, soit une somme de huit mille huit cent quarante-huit francs et cinq centimes, se décomposant comme suit :

Le directeur, ingénieurs et employés . . . . Fr.	937	»
Groupe du Nord	2.381	50
Groupe du Centre	1.684	30
Groupe de l'Ouest	2.678	85
Ateliers	306	65
Préparation mécanique	615	10
Approvisionnements et travaux extérieurs	244	65
Total . . Fr.	8.848	05

Permettez-moi de noter qu'en dehors de cette contribution spéciale, nos ouvriers et employés ont, au cours des huit derniers mois, donné plus de 152.000 francs pour les victimes de la guerre et que cent d'entre eux, dont trois ingénieurs, ont donné leur vie sur les champs de bataille. Tant de vaillance et de générosité mérite qu'on s'en souvienne et j'ose espérer que le moment venu, la Fédération voudra bien associer ses efforts aux nôtres pour assurer à nos mutilés une existence honorable.

Veuillez agréer, Monsieur le Président, l'assurance de ma considération la plus distinguée,

Le Président du Conseil d'administration,

DARCY.

XXIX

UNE RÉUSSITE POUR LES BLESSÉS

15 Avril 1915.

La guerre de 1870 a mis si fort en vue les défectuosités de l'intendance militaire que celle-ci les a reconnues et n'a plus voulu les supporter. Depuis neuf mois, quelques accidents mis à part (et je passe les grandes journées tragiques de la retraite stratégique sur la Marne), nos troupes ont été constamment et abondamment pourvues de tout ce qui leur était nécessaire. En serait-il des administrations comme des individus, qui ne s'améliorent qu'après avoir parcouru la région de la douleur? Ne peuvent-elles devenir ce qu'elles doivent être qu'après avoir été humiliées par l'échec et stimulées par les remords?

Le courage, le zèle et la science des médecins militaires sont au-dessus de toute discussion, et il n'y a qu'à se reporter aux listes funèbres et glorieuses pour voir qu'ils payent de leur personne. Quand nous demandons que toutes les forces médicales du pays soient utilisées, il ne s'ensuit pas que nous amoindrissions dans notre esprit aucun des éléments médicaux. Quand nous répétons, à la suite des maîtres : « La chirurgie de guerre doit être pratiquée avec les mêmes soins d'antisepsie et d'asepsie que la chirurgie ordinaire », nous ne critiquons pas les médecins militaires, nous nous faisons leur porte-parole. Ils souffrirent, les premiers, auprès de leurs blessés qu'ils aiment, des soins incomplets que parfois ils durent leur donner. Et c'est

12.

un système dont ils savent les défauts, qu'avec leur concours nous voudrions voir améliorer.

Nous avons traversé des périodes de pacifisme durant lesquelles on ajournait de réaliser ce que l'esprit des spécialistes ne cessait de concevoir et d'améliorer sur le papier. J'ai sous les yeux une communication où le médecin-inspecteur général Delorme dégage, en date du 1er avril 1913, les *enseignements de la guerre des Balkans* et s'élève « contre la conception qui, en vue du déblaiement d'un champ de bataille, transforme les postes de secours et les ambulances en ateliers d'emballage et d'expédition et qui recommande l'évacuation massive à grande distance du plus grand nombre des blessés... »

Deux ans avant cette guerre-ci, l'éminent inspecteur général déclarait : « La chirurgie des plaies compliquées doit avoir les mêmes exigences dans la pratique de la chirurgie de guerre que dans un service d'hôpital et dans la chirurgie journalière. » Il disait encore : « Le Service des évacuations des blessés sur route n'offrira toutes garanties qu'autant que le Service de santé disposera de ses moyens de transport à lui, et que le sort des blessés ne sera pas lié à la marche rétrograde des voitures administratives... » Hélas ! les expé-

riences de la guerre balkanique étaient restées
dans les bulletins de l'Académie de médecine.
Mais après quelques semaines de guerre, dès
septembre 1914, on a songé à tirer profit des
leçons cruelles qu'on recevait chaque jour.

Au cours d'une campagne qui n'a pas été
sans effet parce qu'elle était soutenue par
l'émotion publique et la bonne volonté de tous,
le 14 novembre 1914, laissant de côté toute
description déprimante, j'allais droit aux
moyens de salut :

Pour traiter nos soldats blessés d'une façon
aussi efficace que le sont les blessés du temps
de paix, que faudrait-il? Deux choses. D'abord,
posséder des moyens d'action aussi parfaits
que ceux de nos hôpitaux civils; ensuite, les
porter le plus près possible des lignes de feu.

Était-ce possible? J'avais été frappé par une
conception du chirurgien Destot. « Mon ambulance, les ambulances que je tiens pour
nécessaires, je les vois, me disait-il, assez
pareilles à des cirques ambulants qui se montent et se démontent en quatre heures. Elles
se déplacent pour suivre l'avancée des troupes
ou pour reculer avec elles. La grande affaire,
c'est qu'elles s'installent où elles peuvent avec
de l'eau en abondance. Il faut en chirurgie
beaucoup d'eau sous toutes les formes, eau

chaude, vapeur, eau stérilisée, eau froide, glace. Qu'elles soient de véritables usines avec une machine à vapeur ou deux, l'une donnant de la force et l'autre de la chaleur, afin que nous puissions avoir des étuves stérilisantes, un groupe électrogène d'éclairage et une installation radiographique. L'ensemble du campement comprendra une tente pour cinquante lits, une tente salle d'opération et de radiographie, une grande tente pour le nettoyage, le pansement. » Mais je vous épargne mes répétitions.

A ce moment, un chirurgien des hôpitaux, le docteur Marcille, fit construire, d'après ses idées et d'après les mêmes principes, cette salle d'opération mobile. Elle flottait dans les rêves raisonnables de tous les praticiens. Aidé du docteur Hallopeau, il la conduisit à la zone des armées et l'expérimenta pendant deux mois. Puis, vers Noël, la ramenant à Paris, sur le quai de la Râpée, il la fit voir à qui voulait et surtout aux membres de la Société de chirurgie. Ces messieurs, après en avoir délibéré, émirent le vœu de voir utiliser dans tous les corps d'armée ce genre de formation.

Je ne manquai pas de commenter cette appréciation des maîtres éminents de la chirurgie (article du 4 janvier). C'est un si grand plaisir pour un écrivain de voir la matérialisation d'une de ses pensées ; c'est un tel honneur de collaborer au salut de nos soldats glorieux et malheureux ; c'est si tentant de dire à ses lecteurs : vous savez, cette idée qui vous plaisait, votre idée, elle est sur le chantier, et je ne parle pas par métaphore : on la construit en bois, en métal, en toile.

Ce ne fut pourtant pas avant une nouvelle épreuve. Le Service de santé renvoya la salle d'opération sur le front avec un autre chirurgien des hôpitaux, le docteur Gosset. Et alors, deux séries de faits furent considérés comme acquis :

1º Dans ces ambulances mobiles, les plaies infectées sont traitées d'une façon telle qu'on évite un grand nombre d'amputations, et les grands accidents de septicémie gazeuse ou de tétanos deviennent l'exception ;

2º Les blessures extrêmement graves (plaies du crâne et plaies de l'abdomen, par exemple), d'ordinaire mortelles, y sont guéries dans une proportion très abondante, grâce à l'intervention précoce. On guérit jusqu'à 57 o/o des blessures viscérales de l'abdomen, traitées chirurgicalement, alors que meurent tous les malades abandonnés à eux-mêmes.

La partie était gagnée. Au commencement de mars, la commission Freycinet fit siennes les conclusions des professeurs Delbet et Hartmann :

Il y a lieu de créer dans chaque armée, à raison d'une au minimum par corps d'armée, des formations sanitaires chirurgicales destinées au traitement opératoire d'urgence des blessés graves. Ces formations chirurgicales seront, en période d'immobilisation, adjointes au groupe des ambulances organe d'armée.

Leurs déplacements seront déterminés, au moment des besoins, par le commandement, sur la proposition du médecin d'armée.

Chaque formation comprendra :

1° Une salle d'opération automobile, type Marcille;

2° Une section d'hospitalisation composée de cent lits et de cinq tentes à double paroi, le tout transportable sur automobile.

(Rapport Joseph Reinach, à l'*Officiel* du 10 mars.)

Sur ce, le Service de santé décida de doter l'armée de ces salles d'opération mobiles, de ces cirques médicaux, comme nous avions dit. Et, afin de gagner du temps, il accepta les collaborations de la générosité privée.

Deux groupes de donateurs s'occupent en ce moment à faire construire, pour les offrir au Service de santé militaire, et d'accord avec lui, plusieurs de ces formations d'automobiles chirurgicales, du type Marcille ou du type Gosset (qui ne se différencient guère). Et j'écris cet article pour remercier ces deux initiatives, l'une franco-russe, et l'autre argentine, en même temps que pour tenir nos lecteurs au courant d'une réussite qu'ils ont souhaitée dès les premiers mois de la guerre.

Le comité franco-russe, par les soins de Mme la duchesse d'Uzès, de Mmes de Chabannes-La Palice, de MM. Hersent, du prince Alexis Orloff et d'une trentaine d'autres personnes, a réuni 86.660 francs.

Le comité argentin a fait appel aux amis de la France, à ceux de Buenos-Aires ou bien à ceux qui habitent pour l'instant Paris. Et, dès maintenant, c'est près de 250.000 francs qu'ont réunis des souscripteurs, parmi lesquels se trouvent tous ces noms, que je prends au hasard : Larreta, Bemberg, Anchorena, Carabassa, Atucha, Santamarina, aimés dans la société française.

Quelques mois avant la guerre, notre ami Enrique Larreta, l'auteur d'un des plus beaux romans historiques que nous ayons lus, *la Gloire de Don Ramire*, noble écrivain qui représente brillamment à Paris la République Argentine, écrivait une page remarquable sur l'amitié franco-argentine :

Je crois, disait-il, qu'il n'y a pas aujourd'hui deux pays plus amis, plus vraiment amis, que la France et la jeune République que j'ai l'honneur de représenter parmi vous; deux pays qui soient poussés l'un vers l'autre par une attraction plus spontanée, plus cordiale, par une attraction plus riche en étincelles d'intelligence et de joie.

Certains diront peut-être que tout cela ne tient qu'à des raisons purement utilitaires ; qu'il y a, d'un côté, une immense épargne disponible : de l'autre, une fabuleuse richesse en denrées nourrissantes, c'est-à-dire que notre amitié s'explique par des raisons d'intérêt ou de gourmandise. Eh bien! c'est faux. Le livre a précédé l'argent, l'homme d'affaires a suivi le professeur.

Voilà une méthode bien française et qui est tout à l'honneur de votre pays.

Et Larreta traçait en quelques notes un tableau intéressant des origines de notre influence là-bas :

Ce fut un Français, M. Laroque, qui, le premier, dirigea, il y a plus d'un demi-siècle, ce fameux collège de Concepcion del Uruguay, où firent leurs études la plupart de ceux qui ont illustré, dans les derniers temps, la politique argentine. Le Collège National de Buenos-Aires, notre Sorbonne, fut fondé aussi par un Français, M. Amédée Jacques, l'ami de Jules Simon et de Paul Janet, avec lesquels il écrivit un *Traité de philosophie spiritualiste*, où plusieurs générations argentines puisèrent une intense idéalité, qui est devenue maintenant pour nous fort opportune. Le lieutenant Bœuf était encore un Français : il fonda l'Ecole de la Marine et l'Observatoire de la Plata. Et, enfin, messieurs, c'est également un Français qui dirige depuis trente ans notre Bibliothèque Nationale, M. Paul Groussac, un Toulousain, merveilleux écrivain en langue espagnole et en langue française, et dont le grand talent nourri et discipliné exerce sur toute notre vie intellectuelle une sorte de police despotique et salutaire.

Il faut le dire bien haut, l'éclosion de notre prospérité dans ce qu'elle a de plus digne est en grande partie un triomphe magnifique du génie civilisateur de la France. Votre lumière a éclairé et animé notre matin.

Je me laisse aller à citer cette page, et j'élargis, peut-être, un peu trop l'horizon, puisque mon but précis est simplement de faire savoir qu'une précieuse amélioration de soins est assurée à nos blessés. Mais la France, à cette date, aime savoir, veut savoir qui l'aime. Nous soignons nos blessés avec tendresse, de notre mieux, au milieu des difficultés d'une guerre abominable que les Barbares expieront, et nos blessés, leurs familles, nous tous, nous sommes particulièrement touchés par les témoignages spontanés, largement offerts, des étrangers. La France voit tout ; avec une sensibilité frémissante, elle enregistre les mouvements de l'univers entier. Nous n'avons besoin de rien ni de personne pour le salut de notre patrie : mais nous accueillons avec un plaisir infini, avec émotion, tout ce qui vient des cœurs. Nous n'aurons plus désormais d'amis que les amis de ces jours tragiques ; mais qu'ils comptent à jamais sur nous, ceux-là ! Aimer nos héros blessés, désirer l'adoucissement de leurs maux, travailler à leur remettre dans les mains les armes qu'ils réclament, c'est entrer dans notre fraternité, dans la fraternité d'une nation qui va étrangement, après la victoire, resserrer son accueil.

XXX

EN CAUSANT AVEC M. JULES CAMBON

16 Avril 1915.

Je vous apporte aujourd'hui de belles choses. C'est à M. Jules Cambon que, vous et moi, nous devons en faire notre remerciement. J'avais l'honneur de m'entretenir avec lui ; il me racontait trente-six faits qui ne sont pas dans le *Livre Jaune* et que je regrette bien de ne pouvoir pas vous rapporter, quand, à un instant, il dit de sa voix mesurée :

— Chez nous, au contraire, quelle délicatesse de sensibilité ! Je suis étonné jusqu'à l'émotion de ce que je vois dans une œuvre dont l'*Echo de Paris* a déjà parlé, la *Famille du soldat*, et que je préside avec mon ancien collègue de Berlin, le baron Beyens, ministre de Belgique.

— Je connais l'œuvre, Monsieur l'Ambassadeur. Elle est ingénieuse et touchante. N'importe qui s'adresse à votre bureau. Vous lui donnez le nom de quelqu'un des pauvres soldats belges ou français, trop nombreux, qui ne reçoivent jamais de lettres...

— C'est cela. Nous vous donnons le nom d'un soldat séparé de sa famille, à qui le vaguemestre n'apporte jamais une lettre, et vous vous mettez à lui écrire. Vous lui faites parvenir les petites douceurs et surtout les lettres affectueuses dont il a besoin.

— L'idée est charmante et très raisonnable. Quel vrai plaisir vous faites à beaucoup de pauvres soldats !

— Ils nous répondent par des lettres d'une délicatesse extraordinaire. Voulez-vous en parcourir une ?

Je la copie pour mes lecteurs, sans rien changer, même à l'orthographe :

Ma bonne demoiselle,

Je suis heureux de recevoir votre lettre, qui me console et m'encourage beaucoup, car je croyais que je n'aurai jamais plus de douceur de personne durant le reste de la guerre, car depuis le 20 septembre, je n'ai eut aucune nouvelle.

Toujours triste de voir mes camarades avoir des lettres et des paquets, à la distribution des lettres, je partai, car je me faisait du chagrin. Aussi quelle surprise lorsque un copain m'apporte votre lettre.

Je recevai votre paquet en même temp que votre lettre. Ceux qui me fit encore un plus grand plaisir, c'est d'avoir une jolie pipe, ainsi que le briquet et un paquet de tabac, ceux qui était mon rêve, ainsi que le passemontagne et le chocolat. Vous venez vert moi, ma bonne dame, pour me secourir; j'en suis très heureux: vous m'avais rendu la vie et donner la mort à beaucoup de boches, car je me bats avec encore plus de courage, maintenant que je vois que tout le monde travaille pour la victoire, qui est bien proche, et je vous dirai que j'ai braver la mort plusieurs fois avec beaucoup de camarades.

Enfin, je vous remercie beaucoup de votre bonne lettre, qui m'a fait tant de plaisir. Je vous écris au clair de lune, dans la tranchée. Je vous envoie les amitiés du soldat qui se bat avec courage. XX.

Il eut du plaisir à recevoir une lettre, un paquet. Il le dit, je le crois et je le vois; mais nous, à le lire nous sommes émus, enchantés et nous devenons immédiatement ses amis.

Son image s'impose à notre esprit. Voyez-vous comme il écrit, dans la tranchée, au clair de lune, son fusil auprès de lui, veillant pour nous, songeant à un ami inconnu, détaché de tous objets matériels et relié à l'invisible. Cela est d'une poésie extraordinaire. Mais si vous voulez aller sur le terrain le plus ferme de la haute moralité, lisez encore ces deux lettres, que me passe M. Jules Cambon. C'est le bourgeon d'un magnifique poème dédié à l'amitié et à la Patrie :

Monsieur ou Madame,

Je viens de lire sur l'Écho de Paris, avec le but et l'adresse de votre œuvre, votre demande à ceux qui voudraient servir de correspondants à nos soldats sans famille. Je voudrais, malgré mes faibles ressources et puisque je suis un favorisé, me rendre à votre appel. Je suis cuisinier à la manutention militaire et je ne verrai peut-être jamais le feu. Si vous croyez que mon offre ne soit pas trop modeste, je vous demande de me donner l'adresse de deux de nos camarades sans famille, et je leur écrirai régulièrement.

Pour envoyer quelques gâteries, il n'y faudra peut-être pas compter, mais je crois qu'ils seront déjà contents de recevoir une lettre de temps en temps. J'espère que vous accepterez mon offre et j'attends bientôt une réponse favorable.

La secrétaire de l'œuvre répondit que l'on acceptait son offre avec grand plaisir et, qu'il n'eût pas à se tourmenter pour les envois; la Famille du Soldat s'en chargerait, et pour le plus grand plaisir de ses protégés, les enverrait de sa part à lui. Là-dessus, deuxième lettre.

Mademoiselle,

Je vous remercie de votre encourageante réponse et j'attendais d'avoir reçu une lettre d'au moins l'un de vos protégés pour vous écrire à nouveau.

J'ai donc reçu un mot de L. L.; pauvre garçon, il a dû être bien ému et de ma lettre et du colis que je passe pour lui avoir envoyé; il me dit un « Monsieur, je vous remercie » et rien de plus; je suis sûr que, dans son idée, il se figure que c'est au moins un... enfin mettons un député, qui lui envoie cela, car il a l'air de ne pas en être revenu.

Naturellement, j'ai corrigé cette idée en lui demandant de ne pas m'appeler Monsieur et de me tutoyer; car, au régiment, les vous n'existent guère que de soldats à gradés; et puis, il me semblait, ce n'était plus la famille de s'appeler Monsieur entre nous. Quand j'écris à ma sœur, je ne lui dis pas Mademoiselle, et je crois que c'est la même chose. J'ai pensé que si nous voulions remplacer réellement dans la mesure du possible la famille pour les soldats qui n'en ont pas ou plus, il fallait amener ceux-ci à nous écrire en employant les mêmes termes que s'ils écrivaient à un frère, ou tout au moins à un vieil ami. Je crois que vous m'approuverez dans ce sens-là. Enfin, L. me dit tout de même que ça lui avait bien arrivé; tant mieux, car nous sommes encouragés à recommencer. A ce sujet, je voudrais vous faire une proposition.

Je vous ai dit que j'étais chef cuisinier ici et en qualité de tel, je touche un prêt supplémentaire de 50 centimes par jour. Dans bien des régiments, ce prêt a été supprimé et ce très réglementairement; ici, j'ai toujours touché mon prêt; pourtant, s'il avait été supprimé, il aurait bien fallu que je m'en passe.

Alors j'ai pensé que, tous les mois, je pouvais vous envoyer 15 francs, et j'ai commencé par mon prêt de février, soit 15 francs en mandat ci-joint à votre nom. Car je ne voudrais pas participer à la joie de notre famille sans y apporter ma part, si petite fût-elle.

Et maintenant permettez-moi de vous remer-

cier pour votre œuvre qui m'a permis de faire si utilement du bien et, à nos chers camarades, de recevoir les joies réconfortantes d'une famille qui leur manque.

Bien respectueusement.

Votre offre est trop belle, lui répondit en ermes chaleureux le secrétariat. Nos frais ne sont pas assez gros pour que nous acceptions de telles cotisations. Mais si vous tenez à consacrer votre prêt aux soldats qui souffrent, chargez-vous d'envoyer vous-même à vos protégés des gâteries : chocolat, tabac, et l'œuvre se chargera, elle, des vêtements.

Tout cela est très satisfaisant. Quels magnifiques garçons, les Français, à l'armée de 1915 ! Je m'en tiens à ces deux types : celui qui reçoit les lettres et celui qui les écrit, et je n'ose pas vous donner leurs noms et les traîner en pleine lumière, parce qu'ils sont si beaux dans l'ombre. Mais quels temps nous vivons, quels frères nous avons !

— Dites-moi, Monsieur l'Ambassadeur, je voudrais bien être de votre œuvre et avoir, moi aussi, des camarades sans famille à qui écrire. A qui faut-il m'adresser ?

— **A** Mademoiselle de Lens, qui est la sœur d'un de mes secrétaires à Berlin, aujourd'hui sur le front. Mais elle vous serait très obligée de ne pas la mettre en avant.

Ah! permettez, mon cher Monsieur Cambon, toutes les personnes qui vont lire les lettres que vous me confiez vont m'assaillir de questions. Je veux leur répondre clairement et tout de suite...

Voici le renseignement exact : Mademoiselle de Lens habite 57, rue Michelet, à Angers : c'est à elle que, sans cotisations ni formalités, chacun de mes lecteurs peut demander le nom d'un soldat sans famille, dont il deviendra le correspondant et l'ami.

XXXI

NOUS VOYONS LEURS SUCCÈS ET LEURS SACRIFICES

17 Avril 1915.

Je suis préoccupé, quand je développe nos raisons d'espérer et nos certitudes de vaincre, par l'idée que les combattants qui me lisent pourraient croire qu'à l'arrière on ne comprend pas les difficultés effroyables qu'ils ont à briser.

13.

Je n'écris jamais un de ces articles, où je dégage les supériorités françaises et les éléments dont est faite la foi offensive de nos grands chefs, sans éprouver un scrupule. Je me représente ceux qui me lisent dans les tranchées et je crois les entendre qui disent : « Il en a de bien bonnes, le journaliste ! Il trouve que nous dominons les Boches, que leur moral et leur matériel s'usent. Tout lui semble facile... » Non, mille fois non, tout me semble effort et triomphe surhumain. Je connais la formule où un grand chef, à qui l'interroge sur l'événement, se résume en disant : « Dur, long, sûr. » Et quand j'exprime ici nos certitudes qui, de mois en mois, se consolident, je voudrais m'interrompre, à intervalles réguliers, pour rappeler le poids de cette lutte et son effroyable gravité. Je voudrais, après avoir inlassablement répété que la France vivra, reprendre la prière, l'hymne de gratitude aux morts.

Je le voudrais, je le fais de mon mieux. Le chef-d'œuvre modèle, c'est le communiqué du grand état-major général sur la victoire des Éparges. Nous y comprenons que possédant cet outillage, cette volonté de vaincre, cette intelligence guerrière et cette abnégation de martyrs, nous sommes sûrs du salut de la

France. Ce récit, comme celui de la prise du Vieil-Armand, est faiseur de confiance et chargé de piété. Il a les couleurs de la gloire et du deuil. Sa conclusion pourrait servir d'épigraphe à toutes les pages justement « optimistes » que notre raison nous dicte. « Quand on a vécu ces combats, écrit le grand état-major, on sait que le triomphe est sûr et qu'il a déjà commencé. Cette certitude est le plus bel hommage que la France reconnaissante puisse offrir aux morts héroïques des Éparges. »

Ainsi, notre certitude de vaincre ne méconnaît pas les efforts, les douleurs, les sacrifices d'hier et de demain, elle naît de ces héroïsmes. Souvent il arrive que nous parlions le froid langage administratif. La qualité de nos troupes, disons-nous, s'est améliorée depuis le début de la guerre. Les Français ont toujours été souples, adaptables et prompts à l'assimilation. Ces vertus de race se sont prouvées dans les six premiers mois de la campagne. Les corps se sont endurcis et aguerris. Malgré la rigueur de la saison, les statistiques sanitaires ont accusé une situation sensiblement supérieure à celle de l'hiver précédent. Les réservistes ont gagné une valeur militaire et des capacités offensives qui, au début, leur manquaient. L'expérience que

les généraux bulgares et serbes résumaient en
1913 par ces mots : « Il faut deux mois de
campagne pour obtenir une utilisation réelle
des réserves » s'est vérifiée. Toute notre infanterie s'est accoutumée à la pratique rapide
et complète de l'organisation défensive. En
août, elle n'avait ni le goût, ni l'habitude de
« remuer la terre ». Aujourd'hui, tous ceux
qui voient nos tranchées en sont émerveillés ; ce
sont de véritables forteresses improvisées, à
l'épreuve du 77, et même souvent du gros
calibre. Nous avons délogé les Prussiens du
Vieil-Armand et des Éparges, et il n'est pas
question que leurs calculs ardents pour les
reprendre puissent aboutir. Depuis des mois,
sur tous les points, toutes les attaques ennemies ont été repoussées, sauf celle au nord de
Soissons, en raison de la crue de l'Aisne et
de la rupture des ponts. Au contraire, la
plupart de nos attaques ont obtenu des résultats importants. Elles ont été exécutées avec
beaucoup de mordant et de plus en plus, sauf
exception, les chefs renoncent aux imprudences, qui nous coûtèrent en août des pertes
si élevées. Ils proportionnent les sacrifices aux
résultats.

Ainsi nous arrive-t-il de parler, à la manière
d'un rapport. Mais se peut-il que derrière ces

faits, dont nous sommes le secrétaire, les sol--
dats n'entendent pas la frémissante amitié de
tous les Français ?

Nous savons la vie infernale de nos soldats
et officiers. Nous les voyons dans la boue
liquide et souvent rougie de ces tranchées
d'attaque, d'où sans répit, sans abri, sans
sommeil, sans relève, il leur faut « donner » et
donner toujours. Ces tranchées, ces « boyaux »
de communication qui se replient à l'infini,
laissant à peine place à une mince largeur
d'homme et qui semblent, à l'heure du combat et des blessés, les cercles de Dante, nous
les y voyons, épuisés au delà des mots, et se
demandant eux-mêmes s'ils ne subissent pas les
transes d'un cauchemar. Dans la nuit noire,
sous une pluie grelottante, parmi les tapages
variés, les voilà seuls, livrés à leur destin.
Officiers, on leur demande de diriger les
événements, sans doute, mais c'est une pré-
tention qu'il faut réduire à peu de chose ;
l'énergie surhumaine a ses limites ; c'est
avant qu'on a pu prévoir, organiser, ordonner.
« A la grâce de Dieu, à ma chance, au hasard,
comme le voudra la Providence », disent selon
leur foi les soldats. Heureux celui qu'anime
une invincible confiance ! Honorons, servons
l'espérance, elle est le ferment de l'univers.

Nous voulons vaincre, persévérer dans l'être, nous accroître. Tristesse, dépression, compression, c'est déjà amoindrissement. Au contraire, c'est se vivifier que de prendre conscience de sa force et de ses justes raisons d'espérer. A ceux qui se battent, je suis inutile. Ils sont les excellents. D'eux nous recevons tout, sans pouvoir leur donner rien. Mais en vain feraient-ils leur devoir, cela ne suffit pas : il faut qu'à leur vaillance soit étroitement accordé le cœur des non-combattants. Écoutez les vers de Shakespeare : « Pendant que le bras armé combat au dehors, la tête prudente se défend au dedans, car tous les membres d'une société, petits et grands, chacun dans sa partie, doivent agir d'accord et concourir à l'harmonie générale, comme dans un concert ». Alors nous empruntons aux combattants leur indomptable énergie qui présage la victoire et qui soulève fortement l'âme du lointain spectateur, pour en faire notre certitude, en leur laissant leurs souffrances.

En leur laissant la souffrance ! C'est cela qui fait de nous des Français du second choix, et c'est cela qui pourrait les mécontenter. Ils nous voient heureux de leurs succès, et eux, ils savent de quels deuils effroyables ils les payent. Aussi dans leur victoire ne sont-ils pas gais, mais d'une profonde et enthousiaste piété. Et sitôt après le triomphe des Éparges, un mouvement instinctif et solennel les réunissait tous, croyants et mécréants, dans un salut religieux, où ils s'inclinaient, au faîte de leur ascension sanglante, devant la Loi de l'Univers, faite d'effort et de douleur.

Qu'ils ne croient pas, ces héros, nos frères supérieurs, que nous les méconnaissons. Ce n'est qu'en apparence que nous serions aveugles et sourds. Chacun des deuils de l'armée ravage des familles, éblouit de respect toute la nation, et chacune de ces morts de héros entraîne la mort de quelque idée fausse. Ils sont les purificateurs.

XXXII

NOTRE-DAME DE PITIÉ DANS LA VOIVRE

19 Avril 1915.

Des voies indirectes ont amené entre mes mains une lettre écrite par une religieuse de l'hospice d'Étain, la petite ville lorraine la plus populeuse de la Voivre. Étain, la Voivre, et tous ces villages des alentours, où s'accumulent maintenant les tombes de nos amis, quels noms de sonorité tragique ! Sont-ce les images qui se lèvent de ces terres douloureuses d'étangs et de forêts ? est-ce la simple beauté de cette narration ? Je fus ému de cette lettre comme d'un véritable évangile de charité et de patriotisme.

Dans le silence de la Lorraine, une fois encore piétinée et livrée aux malheurs de la guerre, c'est quelque chose de frappant, une pensée qui nous vient d'Étain et de son hospice des pauvres, une pensée de la petite ville qui a pour gloire de servir d'écrin à la Notre-Dame de Pitié, au chef-d'œuvre où le vieux sculpteur Ligier Richier, affligé par des désastres qui sont de période en période la part de la Lorraine, exprimait, il y a quatre siècles, notre misère et notre confiance.

Au milieu de ses prairies, la petite ville dresse ou dressait une église charmante, aux vieux vitraux, anéantis à cette heure, qui renferme ou renfermait une statue de Notre-Dame de Pitié, paysanne lorraine tenant sur ses genoux un mort. Sublime déification de la douleur, installée sur un ossuaire du XVIe siècle. Dans cette belle forme, dans cette

Vierge associée à toutes les souffrances de la Voivre, reposait, un peu délaissée, la pensée éternelle de la Lorraine.

Aujourd'hui, elle ne s'est que trop dilatée, manifestée, imposée à tous, cette pitié, cette figure de compassion. Nous la voyons sur tous les tertres de notre pays. Il n'est pas un de nos humbles villages où nous n'ayons à dresser un autel du souvenir. Voici Lionel des Rieux, le poète, tombé, enseveli à Esnes ; Marcel Drouet, de qui la tombe s'appuye au chevet de la petite église accrochée à la colline de Samogneux : Émile Nolly, mort à l'ambulance de Blainville ; Paul Vial, frappé d'une balle en plein cœur dans le bois de Saint-Mansuy, près de Lunéville ; Jean Martin, élève de l'École Farnèse à Rome, mort pour la défense de la Mortagne et de la Moselle, à Gerbéviller. Je m'arrête ; je n'ai pas le droit, peut-être, en saluant mes plus proches, de paraître oublier des milliers de héros.

Mais dans le moment même où s'augmente ainsi le douloureux trésor de l'héroïsme en Lorraine, que deviennent les images que nous en avions ? Que deviennent les chefs-d'œuvre de Ligier Richier, en qui les âmes de ces vivants et de ces morts étaient prophétisées, héroïsées et consolées ?

Je l'ignore (1). Si les merveilles de pierre sont brisées, la vie multiplie ses chefs-d'œuvre en action. Écoutez l'histoire de l'hospice d'Étain et son exode racontés par une religieuse, dont je respecte la pensée en me bornant à quelques suppressions :

« Le 24 août, nous avons subi le bombardement, dirigé en particulier contre notre maison, pendant vingt-deux heures que nous avons passées à la cave, en compagnie de notre Maître adoré. Il nous semblait être dans les catacombes de la primitive Église. Cette nuit de frayeur et de délices restera pour chacune de nous un éternel souvenir d'amour et de reconnaissance envers Dieu. C'est miraculeux que nous soyons restés tous vivants, sans aucune blessure. La maison a été frappée par plus de 200 projectiles. Le soir du 25, nos deux gamins (deux orphelins hospitalisés) s'amusaient à ramasser dans nos chambres, en quantité, les balles de mitrailleuses et les éclats d'obus. Quand les majors sont arrivés dans l'après-midi, ils étaient tout surpris de nous retrouver tous et la maison debout, grâce à Dieu.

» Les 26, 27, 28, nous avons été très

(1) A l'heure où je corrige ces épreuves, on sait par un volume de M. Paul Clemen que les Allemands ont transporté à Metz la *Piété* d'Étain ainsi que le Retable d'Hattonchatel.

occupées, nuit et jour, à soigner les blessés ;
nous ne savions de la ville qu'une chose, c'est
que l'incendie la dévorait sans cesse.

» Nous avons passé cette longue semaine
au milieu des incendies, ne voyant nuit et
jour que flammes, n'entendant que leur cré-
pitement. Restait-il dans la ville une vingtaine
de personnes disséminées, c'était tout. Nous
ne nous sommes aperçues de notre isolement
qu'après le départ des blessés. Nous avions
ignoré l'ordre d'évacuation. Dans le sauve-
qui-peut, chacun ne pense qu'à soi, et c'est
trop naturel. Le lendemain, on était bien venu
nous offrir une ou deux places sur une voiture, j'ai refusé poliment. Nous ne pouvions
partir sans nos vieillards, qui sont notre
famille.

» Après le départ des blessés, nous nous
sommes risquées à aller jusqu'au cimetière,
sur les tombes récentes des militaires, et nous
nous sommes rendu compte du triste état de
la ville. Ce spectacle navrait le cœur. Ce que
les bombes et le feu avaient épargné, le pillage le ruinait. Ah ! le pillage ! Ces portes
enfoncées à coups de hache, ces objets jetés
çà et là, ces meubles brisés ! Le cimetière était
très abîmé, certaines tombes pulvérisées complètement.

» Au milieu des tristes ruines de toute la ville, nous nous estimions privilégiées de pouvoir habiter notre maison, où nous pouvions facilement vivre quatre ou cinq mois sans le secours de personne. Le 29, de grand matin, j'entends des galops de chevaux. « Qu'est-ce ceci ? Il n'y a plus de chevaux dans la ville. » Je regarde prudemment derrière le rideau, j'aperçois une patrouille de uhlans examinant la maison avec un air de contentement. Ne voulant pas laisser nos sœurs dans l'embarras, je descends précipitamment et me présente à ces beaux sires, leur demandant ce qu'ils désirent ; mais le chef, saluant poliment, me prévient et me dit en bon français, sans accent : « N'ayez pas peur, nous ne vous ferons rien, non, nous ne vous ferons pas de mal. » — « J'y compte bien, monsieur. » Il me demande alors ce qu'est la maison, s'il y a des blessés français, allemands ; où habitent M. le maire, les adjoints, où sont les concitoyens, etc., etc. Quelle déconvenue ! Personne de convenable pour recevoir ces messieurs ; il faut que ce soit les servantes des pauvres qui fassent cet office ; ce n'est guère brillant pour eux et ce ne doit pas être plaisant de venir régner sur des ruines.

» Il place alors des sentinelles à la porte

de la grille et toute la patrouille entre dans
la maison, dans le jardin, demandant à boire.
ou mordant dans les fruits à belles dents. Ils
sont allés ensuite sur le champ de bataille
enterrer les morts, les nôtres, si nombreux,
hélas ! Ils nous ont ramené quatre blessés
français, qu'ils ont soignés et fait expédier à
Metz en auto. Nous avions à la maison trois
militaires décédés ; ils sont allés, accompagnés
d'une sœur, les enterrer au cimetière, et, en
passant, ils ont pris les corps des époux T...,
qu'ils ont enterrés à côté des militaires, dans
la même fosse. Ce jour-là et le suivant, nous
avons continué à avoir leurs visites de temps
en temps, pour un renseignement ou pour un
autre.

» Le lundi 31, assez matin, nous avons
mis en train trois lessiveuses, pour en finir
avec le linge des blessés. Nous étions bien
occupées à ce travail, lorsqu'un chef allemand
se présente vers neuf heures, et me dit :
« Madame, je viens vous dire d'évacuer la
maison. — Pourquoi ? — Parce que votre
vie est en danger. (Quelle sollicitude !) —
Pour quelle raison ? — Une bataille est inévitable entre Verdun et Étain, et, certainement, vous n'y résisterez pas, la maison tom-
bera. — Nous ferons ce que nous avons fait,

nous irons à la cave. » Mais son ton n'admettait plus de réplique. Je compris qu'il me fallait céder. « Et quand faut-il partir ? » — « Aujourd'hui. » Sur ce, on fait un tour en ville, on recueille trois mauvaises voitures et trois plus mauvais chevaux encore, pendant que les vieillards prenaient un peu de nourriture, **puis** nous partons vers onze heures et demie.

» Je ne veux pas dire la peine que ce départ nous a causée, en pareille circonstance. Le père Jaulny n'a pas absolument voulu monter en voiture et il est resté au jardin. Qu'est-il devenu ? Il a été remplacé par le père Guinec et le père Jonvaux. Une pauvre femme de Rouvres, échappée à la boucherie, s'était jointe à nous, ainsi que Mme Louise G. et la pauvre dame R., qui a su trouver notre maison pendant la nuit, lorsqu'elle a vu la sienne qui allait prendre feu. Tout ce cher monde se casait pendant que je prenais sur moi le Saint-Sacrement de notre chapelle que j'ai remis à Verdun au premier prêtre rencontré.

» Et nous voilà partis, ayant pour guides un infirmier, chez nous depuis huit jours, ainsi qu'un réquisitionneur, puis un individu de passage. Quelle triste caravane ! Il nous fallut gravir les côtes, descendant de temps en temps pour soulager les chevaux. Nous sommes arrivés à Verdun pour six heures, dernière heure du jour pour les civils. Après bien des pourparlers avec la police et la mairie, on finit par nous accepter pour la nuit dans une auberge où nos vieillards couchèrent sur la paille, dans une salle de danse. M. l'adjoint loua une voiture et nous conduisit toutes les six chez nos sœurs de la rue Meautroté. Le lendemain, le gouverneur m'envoya conduire nos vieillards à Sens. Quant à nos sœurs, il les accepta à l'ambulance de la rue Meautroté, ce dont nous étions toutes très contentes : au moins, on aurait les yeux sur Étain, et on verrait de temps en temps quelques connaissances.

» Me voilà donc partie avec mes vieillards le 2 septembre, à six heures du matin. Nous arrivons à Châlons à six heures du soir, après le départ du train de Troyes. Il fallut rester sur terre jusqu'à onze heures et demie, et voilà qu'au moment où on nous appelle, arrivent en courant des centaines de Châlonnais, émigrant eux aussi ; en moins d'une minute, tous les wagons sont remplis. Nos vieillards infirmes, aveugles, etc., restèrent sur le pavé. On eut beau ajouter des wagons, la place manquait pour eux, en sorte que quand le train s'ébranla, je restai sur le quai avec ma triste caravane. Une femme pourtant manquait à l'appel : Léonie. Elle fut dirigée sur Auxerre. Je suis allée l'y chercher dans la suite et l'ai retrouvée qui se mourait d'ennui dans un asile d'aliénés !

» Vous ne serez pas étonnée si je vous dis qu'à ce moment j'avais les larmes aux yeux. Évidemment, le train suivant me ramènerait les mêmes difficultés. Consulté, le chef de service me conseille d'aller sur Chaumont ou Saint-Dizier. Je connaissais cette dernière ville, pourvue d'un hôpital et d'un asile de vieillards tenu par les Petites Sœurs des pauvres. Je m'y dirige et parviens après bien des difficultés à caser mes pauvres vieillards. Un d'eux s'échappe pour chercher du tabac. Je mets vainement la police à ses trousses, il reste introuvable. Quelle n'est pas ma surprise d'apprendre qu'il avait passé à Verdun et qu'en se dirigeant sur Étain, il a été tué par la sentinelle... »

Je m'arrête là de ce récit, à qui je demande seulement qu'il nous fasse entrevoir la paisible énergie lorraine. Par excès de modestie et par simplicité de cœur, il se fait mal valoir. Avec la pureté du style en moins, c'est le sans éclat janséniste de l'histoire de Port-

Royal par Racine. Il y aurait un autre tableau
à tracer de ces servantes des pauvres restant
les dernières sous les ruines de leur ville, à
faire la lessive des blessés, avec leurs orphelins, leurs sourds et muets, les vieillards déments, les infirmes, et guidant sans aucune
peur la retraite de cette triste humanité. Mais
j'avais d'abord à vous donner un texte. Et
qui voudrait essayer d'embellir la pensée d'une
de ces religieuses lorraines qui toutes se sont
couvertes d'honneur ? J'éprouve un plaisir
de respect à copier, une à une, ces pauvres
phrases, au fond desquelles repose avec séré-
nité un esprit de charité harmonisé étroitement avec la Notre-Dame de Pitié qu'a posée
le grand sculpteur sur le charnier de la petite
ville.

Je n'ai jamais oublié les minutes qu'il y a
quinze ou vingt ans j'ai passées dans la sa-
cristie d'Étain, devant la Notre-Dame de Pitié.
Je venais de circuler dans la Voivre, et je
sentais que cette Vierge de Compassion était
la plus profonde pensée de ce pays. Avec
quelle émotion, parmi les lettres qui me passent sous les yeux, je vois tant de soldats, à
la veille des combats où depuis ils tombèrent.
raconter qu'ils sont allés dans leur désœuvre-
ment ou dans leur religion, s'asseoir devant

cette reine de la Douleur et de la Consolation, prendre son image, y inscrire leurs amitiés à leurs amis. J'ai quelques-unes de ces cartes postales d'août. Une pensée née des désastres du xvi⁰ siècle est accueillie par des âmes angoissées du xx⁰ siècle. Ils ne pensaient pas, ces soldats, à la veille d'un combat mortel, qu'ils en eussent fini avec toutes choses, mais ils regardaient devant eux avec un long regard de douceur et d'acceptation. Et maintenant, leurs grandes actions, comme des âmes, flottent sous le ciel de Lorraine pour jamais.

Qu'importe des chefs-d'œuvre détruits ! L'essentiel est sauvé, augmenté. Est-il permis, quand il s'agit des destinées du royaume lui-même, de plaindre le diadème égaré et le sceptre rompu ? Quand la Lorraine, corps et âme, a failli sombrer, veut-on s'intéresser au sort des antiques épaves de son trésor national ? Le sépulcre de Saint-Mihiel, le rétable d'Hattonchâtel et la Pitié d'Etain, les reverrons-nous après le retrait du flot barbare ? Circonstance secondaire. Plus que jamais la pensée qui les inspira, la destinée lorraine que ces pierres sculptées traduisaient s'affirme et crie sa gloire.

Je me rappelle les jours heureux où j'allais, des Côtes de Meuse à la Voivre, visiter ces débris d'une œuvre géniale. Je l'admirais, certes, et je pensais que Ligier Richier, en complétant Claude Gelée, nous permet de dire que le génie lorrain, trop vite interrompu, marque un point de perfection entre les pays latins et germaniques. Mais cette œuvre du grand sculpteur nous semblait un peu tendue et privée de simple vérité. Pauvres gens, que nous étions prisonniers de l'heure qui passe, incapables de nous souvenir et de prévoir ! Nous ne voyions pas qu'elle était un memento et une prophétie, et nous passions auprès de ces états de crise fixés dans la pierre, sans comprendre que ce qui s'est vu se reverra.

C'est en descendant les sentiers fleuris, bordés d'arbustes et pareils à des allées de parc, qui mènent d'Haitonchâtel à Vigneulles et des Côtes de Meuse dans la Voivre, qu'enivré du charme des matinées lorraines, j'accusais le grand Ligier Richier d'excès tragique et de trop de douleur. Écartons ces branchages, ces vaines minutes rapides du printemps. Par-dessous, voyons notre terre et sa destinée éternelle. La voilà ! C'est bien celle que la grande âme de Ligier prophétisait, il y a quatre siècles. Je te reconnais ; les siècles n'ont point changé ; tu es toute en calvaire glorieux et en sépulcres de résurrection.

XXXIII

NOUS ÉLARGIRONS NOTRE NATIONALISME

*(Ce qu'il en sera
de notre littérature après la guerre.)*

20 Avril 1915.

M. Séché, qui est le fils du regretté érudit
à qui l'histoire de la littérature doit tant de
précieuses trouvailles, me demande, pour une
enquête de la *Revue de Paris*, quelle action
pourrait avoir la guerre sur notre littérature
et comment j'estime qu'elle la transformera.

Je n'y ai pas pensé directement, parce que
c'est l'ensemble de la maison française, plutôt que ses divers compartiments, qui exige
notre attention, mais tout à l'heure, en lisant
une extraordinaire élucubration allemande, je
me surprenais à faire quelques réflexions qui
répondent à la curiosité de notre confrère.

Les Allemands (*Junius* le signalait hier) sont
en train de se demander : « Pourquoi ne
sommes-nous pas aimés? » En elle-même, la
question est extrêmement sotte. Les réponses
le sont plus encore.

Le jour approche où tout ce qu'il y a de

force comique chez les théoriciens d'outre-Rhin nous donnera de vives jouissances. Mais allez donc apprécier ce qu'il y a de vaudevillesque chez un fou furieux ! Il faut d'abord lui arracher son couteau. Le jour où les Allemands seront vaincus et désarmés, un immense éclat de rire s'élèvera de l'Univers et l'on verra les parties grotesques de leur esprit.

« Pourquoi ne sommes-nous pas aimés ? » A cette belle question, le *Neues Wiener Journal* du 4 avril répond. Et si stupéfiant que soit de vanité naïve son article, nous devons l'analyser, car il n'exprime pas le sentiment d'un homme isolé et un peu fou, il exprime exactement ce que pensent d'eux-mêmes la grande majorité des Allemands, ce que leur ont appris les maîtres d'école et les professeurs d'Université, ce qui leur fait chanter : « Deutschland über alles » et dire avec conviction la fameuse phrase : « Nous sommes le peuple des seigneurs de la terre. »

L'écrivain, un M. Friedell, s'étonne d'abord que l'Allemagne ait tant d'ennemis. A peine la guerre eut-elle éclaté qu'il ne s'est trouvé aucun pays neutre pour défendre diplomatiquement l'Allemagne. Les victoires décisives allemandes étaient rapetissées ou niées ; les petits succès de l'ennemi étaient salués avec des cris de joie. C'est la Belgique qui s'est le plus mal conduite. Elle n'avait qu'à laisser amicalement passer les Allemands sur son territoire. Pas du tout, ni le peuple, ni le Gouvernement, n'ont hésité une seconde à choisir une lutte qui mettait en jeu l'existence de la Patrie. La Belgique a fait cela, bien que la France de la Révolution, sous prétexte de l'affranchir, l'eût annexée ; bien que Napoléon III eût désiré en faire une province française. Elle avait tout à craindre d'une victoire française ; elle n'avait rien de mieux à souhaiter qu'une victoire allemande. Malgré cela, elle a marché contre l'Allemagne. C'est inconcevable.

Quand on demande à des étrangers sensés et sages comment il se fait que chaque peuple a des amis, et que seule l'Allemagne n'en a pas, ils répondent : « Les Allemands ne savent pas se faire aimer ». D'autres disent : « Ce qui manque aux Allemands, c'est d'être dignes d'amour ». C'est inouï. Dans la vie ordinaire, pourquoi aime-t-on un homme ? Parce qu'il a des qualités, parce qu'il est modeste ou poli, parce qu'il est honnête et constant, parce qu'il est bon. On aime un peuple pour les mêmes raisons. Or, il n'y a qu'un peuple au monde qui ait toutes ces qualités : c'est le peuple allemand ; pourtant, on ne l'aime pas.

La raison en est simple : ce n'est pas malgré ses qualités, c'est à cause d'elles que l'Allemagne est haïe. Ainsi les Grecs détestaient Phidias, Thémistocle, Aristide, Socrate, parce que ces grands hommes étaient supérieurs à la masse du peuple. Dans tous les temps, le grand homme est un reproche vivant pour les autres hommes. Gœthe l'a dit : « Pourquoi te plains-tu de tes ennemis ? De tels gens peuvent-ils être tes amis, alors que ta nature leur est un éternel reproche ? »

L'Allemagne est ainsi un continuel reproche pour l'Europe, car l'Allemagne est le génie de l'Europe. La marque du génie est d'être sur toutes choses en avance sur son temps. C'est pourquoi la poésie et la métaphysique allemandes sont toujours comprises à l'étranger trop tard ou jamais. Alors que dans les pays de l'Ouest, on s'adonnait à une philosophie matérialiste pour salons, Gœthe écrivait *Le Tasse* et *Iphigénie*, et Kant sa *Critique de la raison pure*. Dans un temps où Darwin régnait en Angleterre et Comte en France, Nietzsche composait le *Surhomme*. Aujourd'hui où le monde entier subit l'impressionnisme, partout en Allemagne commencent à se répandre de grandes synthèses.

...Quand l'Allemand sera-t-il donc aimé dans le monde ? Seulement quand le monde sera à la hauteur de la culture allemande. C'est seulement quand les qualités nationales allemandes seront le bien de toute l'humanité qu'on ne les lui reprochera plus.

Parmi ces qualités, les plus importantes sont la modestie et la compétence.

Le peuple allemand est le plus modeste de la terre,

justement parce qu'il est celui qui a le plus de valeur. Celui qui veut apprendre à connaître le génie allemand dans sa profonde modestie n'a qu'à lire les écrits de Luther, un plus grand révolutionnaire que tous les Rousseau de théâtre ou les Danton de colportage. Il n'a qu'à lire les écrits de Gœthe, un autre individu que Voltaire, qui n'avait pas de cœur et n'était qu'un bouquet de feu d'artifice. Il n'a qu'à considérer les héros de la poésie et de l'histoire allemandes, Faust et Frédéric le Grand.

La nature des autres peuples trouve son contentement dans une improvisation facile ou dans une froide routine. La force principale de l'Allemand est une enthousiaste compétence. Il n'y a que l'Allemand qui fait toujours, là où il a été placé, ce pour quoi il est là. Les autres pensent à la gloire, ou à l'argent, ou à eux-mêmes. Lui ne pense qu'à ce qu'il doit faire ; qu'il soit prêtre, banquier, ouvrier, journalier ou soldat.

De là la profonde piété de l'Allemand. Le christianisme est pour le Français une bigoterie vide, pour l'Anglais une convention mécanique, pour le Russe une passivité stupide ; pour l'Allemand, il est ce qu'il doit être d'après son sens intérieur : un idéalisme agissant. L'Allemand est à la fois le plus grand idéaliste et le plus grand réaliste. L'idéalisme est le secret de la puissance sur les choses. Jésus-Christ, le plus grand idéaliste qui ait jamais vécu, a été, à cause de cela, le plus grand conquérant.

Ce sont là des vérités aussi vieilles que simples. Il est triste qu'une guerre soit nécessaire pour les répéter de nouveau à l'humanité.

Ainsi s'exprime le penseur austro-allemand. Et rien de tout cela n'a le sens commun. Tant que ces gens-là auront la force avec eux, leurs extravagances, où il n'est question que de notre esclavage ou de notre mort, perdront beaucoup de leur sel comique. L'indignation gêne le rire. Mais un temps viendra où l'histoire, analysant avec une froideur indifférente ces excitations cérébrales, ce mélange de poésie et d'absurdité, comparera la Germanie des premières années du xxe siècle à ces pauvres héroïnes romantiques qui déliraient jusqu'au suicide pour s'être fait d'elles-mêmes une idée nullement conforme à la réalité.

Les Allemands se sont groupés autour de chaires philosophiques où leurs professeurs leur ont débité un certain roman qu'ils prennent pour modèle de vie, et, de là, ils sont partis en bandes armées pour conquérir le monde qu'ils venaient d'accueillir, et pour offrir à cette idée divinisée des victimes sanglantes.

C'est d'une conviction, d'une foi qu'est sortie leur action. Cela ne va pas sans grandeur. Mais que vaut leur foi? Ce qui nous persuade, sans autre discussion, qu'elle ne vaut rien, c'est qu'elle nous nie et veut notre disparition. Or, nous entendons bien persévérer dans l'être. L'Allemagne veut saisir la France, l'absorber, l'anéantir. Mais nous, qui savons le rôle que la France a joué dans le monde, nous comprenons que notre nation est chargée d'une autre mission éternelle.

Chacune des nations a reçu son rôle, est chargée de mettre à jour un certain nombre de vérités, et l'Allemagne fait contre elle-même la coalition de l'Univers, parce qu'elle veut contrarier la mission de chacune des nations.

Les Français n'ont jamais voulu s'enfermer dans un système. Nous sommes la vie et nous ne pourrions pas être prisonniers d'une formule. Magnifique est notre puissance de sympathie. Pourquoi les Allemands sont-ils détestés ? Parce qu'ils nient tout ce qui n'est pas eux. Pourquoi sommes-nous aimés ? Parce que nous aimons. Au lendemain de la paix, plus librement que jamais, notre génie de sympathie s'exercera, appelé par tous les peuples et rendu plus audacieux par le succès.

M. Séché me demande ce qu'il en sera de la littérature après la guerre. Il est clair pour moi que ce qu'il y a eu de littérature nationaliste en France, de 1870 à 1914, et surtout dans ces dernières années, sera considéré comme classique, et fera l'honneur de l'époque qui vient de s'écouler ; mais on demandera à cette littérature nationaliste de s'élargir et de devenir capable, en débordant nos frontières, de conquérir le monde, je veux dire de véhiculer la pensée française à travers tous les peuples.

Je tiens à dire, dès maintenant, en présence de l'horreur qu'éveillent en chacun de nous les crimes de la génération actuelle allemande, que je ne m'associe pas à ceux qui nient la génialité germanique et qui veulent rejeter tous ses produits en bloc. Ce qu'il y a de vrai, c'est qu'il ne fallait pas les accepter en bloc.

Voilà des années, pour notre part, que nous avions distingué qu'au lieu de profiter de la pensée germanique pour leur propre développement, comme il est naturel, un grand nombre de nos compatriotes, le plus souvent sous une influence universitaire, méconnaissaient et méprisaient leur vraie nature et s'abandonnaient eux-mêmes en faveur de pensées d'outre-Rhin. On a discuté souvent pour savoir si le petit breton Renan s'était diminué en échangeant la foi de ses pères contre l'hégélianisme. Je serais disposé à croire que son vrai péché contre l'esprit fut de s'arrêter en route et de ne pas arriver au bel accord, au puissant mariage que toutes les intelligences attendent de la science et de la religion « pour mettre fin au xviiie siècle qui dure toujours ». Attendez que *l'affinité naturelle de la science et de la religion* les réunisse dans la tête d'un seul homme de génie, s'écriait Joseph de Maistre, et notre grief, notre déception, c'est qu'un Renan, chargé de son double trésor, se soit détourné de cette destinée qu'il avait peut-être entrevue.

Il est clair que certains ouvriers français, en adoptant le Marxisme, certains amateurs, en se livrant aux rêves wagnériens, d'autres curieux, en applaudissant les délires de Nietzsche, ont trahi la cause de la France. Ils n'ont pas servi leur Patrie. On devait prévoir qu'ils préparaient un milieu où l'on verrait plus aisément apparaître (ce dont nous fûmes les témoins en août), *Unser Gott*, le Méphisto d'outre-Rhin, Satan, surgissant avec ses bataillons barbares et disant : « Tu m'as livré ton âme. Je viens prendre possession de toi. » N'y avait-il pas droit ? Il croyait bien avoir détourné les Français de leur source primitive, et vous savez le contrat qui est inscrit aux premières pages de ce *Faust*, livre sacré de la Germanie, quand l'Éternel dit au Diable : « ... Tu as liberté entière. *Que tu parviennes à détourner cette âme de sa source primitive, tu la saisiras et tu l'entraîneras...* »

Dieu merci ! une fois de plus, la déception du Vieux Drôle a été complète. Une fois de plus, il peut s'écrier, comme il fait à la dernière page du poème : « Mais quoi ! Je suis donc dupé ? Ils se sont envolés, ils m'échappent ! *Il m'a été dérobé un grand, un unique trésor, la grande âme qui s'était engagée à moi.* Me voilà joué ! je l'ai bien mérité, d'ailleurs, car j'ai outrageusement mal manœuvré. »

Après la guerre, il appartiendra à l'esprit français de réapprendre à l'esprit allemand qui, en effet, a outrageusement mal manœuvré, quelques règles de sens commun et une plus juste interprétation de ses véritables destinées. Nous nous avancerons sur le Rhin pour causer plus intimement avec les diverses Allemagnes, et nous nous refuserons moins que jamais à ce qu'il y a d'universel dans la mission de notre littérature.

Les bons esprits voyaient jusqu'à ce moment de grandes objections à un commerce intellectuel étroit avec l'Allemagne. Sa dignité et le souci de sa sécurité conseillent au vaincu de se replier sur soi-même et de s'éloigner de son vainqueur. La situation a changé du tout au tout, depuis la victoire de la Marne. Maintenant, nous voici à même de prendre et de rejeter, de juger tout ce qui est Allemand, d'échapper à un faux prestige et de faire avec fermeté le **triage**.

A la faveur de cette guerre, des ressorts
que nous ne connaissions plus se sont tendus
dans notre pays, et, sous l'effet des émotions,
nous avons vu se ranimer des couches profondes de notre conscience. Cet agrandisse-
ment en profondeur nous donnera l'équilibre
pour élargir à travers le monde notre sympathie. Appuyés sur une nationalité plus forte,
nous risquerons beaucoup moins de nous confondre au dehors, de nous disperser ou d'être
envahis. Fiers de la victoire, avertis par l'effroyable expérience, ils ont disparu, les Français qui méconnaissaient les supériorités de
la France, et qui étaient prêts à la sacrifier.
Tous les Français se sont élevés à une grande
hauteur, où le flot ne les noyera plus.

XXXIV

DE CETTE TERRE QU'ILS ONT SAUVÉE
ILS DEMANDENT
LA LONGUEUR DE LEUR CORPS

21 Avril 1915.

Nous avons déjà parlé des tombes de la
guerre. Il faudrait bien que l'on s'en occupât,
dès aujourd'hui, à fond, et que l'on nous dît

la meilleure manière de rendre possibles plus tard les exhumations. C'est une grande question. Certains voudraient l'écarter, soit qu'ils la trouvent trop difficile à régler, soit qu'elle leur semble révéler un défaut de spiritualité. Parfaitement ! Un correspondant m'écrit de Tarn-et-Garonne pour me reprocher un article, *Les Héros morts et leurs Familles*, où je cherchais le moyen de conserver les noms des morts et de repérer l'emplacement de leur corps.

Au lieu de poursuivre de pareilles chimères dont l'examen détraque plutôt le cerveau du public qu'il n'émeut son cœur, vous feriez mieux d'expliquer franchement les impossibilités.

Faites donc ressortir combien il est peu nécessaire d'être réellement en présence ou à proximité des restes de nos chers disparus pour nous souvenir d'eux, les aimer, converser avec eux !

Hélas ! que deviennent ces pauvres restes, sur les champs de bataille ou dans les tombes les plus luxueuses ? C'est vers des sphères plus élevées que nous devons diriger nos aspirations...

Sans doute. Voilà de belles et justes pensées. Mais c'est un fait que les familles trouvent une consolation à s'agenouiller sur la tombe du héros qu'elles pleurent. Faisons de notre mieux pour le leur permettre.

Il y a quinze jours, m'écrit un prêtre, la nouvelle nous arriva qu'un de mes paroissiens était tué. Immédiatement, j'allai trouver les parents et je tâchai de tirer

de mon cœur les consolations nécessaires. La mère
pleurait en silence. Au moment de partir, je lui dis :
« J'oubliais de vous faire savoir — c'était la vérité —
que deux camarades de votre fils ont marqué l'emplacement de sa tombe et qu'il sera très facile, après la
guerre, de le retrouver. »

Si vous aviez vu cette pauvre mère éclater en san-
glots en me disant : « Monsieur le curé, *si ce que vous
me dites est vrai, le reste n'est rien pour moi.* J'aurai
du moins la consolation de ramener les restes de mon
cher petit à l'ombre du clocher et d'aller, chaque jour,
prier sur sa tombe. »

L'*Écho de Paris* annonçait hier que, dans
les arrondissements de Meaux, de Coulom-
miers et de Provins, toutes les mesures ont
été prises pour préserver les tombes de la
détérioration et de l'oubli. Voilà qui est bien.
Maintenant, on voudrait savoir ce que sont
ces mesures et si elles ne doivent pas régle-
menter toutes les régions où l'on s'est battu.

En général, comment a-t-on enterré les
morts? Prenons la Lorraine. Après l'héroïque
bataille de dix-neuf jours, j'ai visité les pauvres villages du Grand-Couronné de Nancy
et ceux de la région sud, naguère encore si
aimables dans la belle plaine de la Mortagne,
maintenant réduits en cendres, exténués de
misère. Les cadavres des glorieux martyrs
sauveurs de la France y sont restés sans
sépulture depuis le 25 août jusqu'au 23 sep-

tembre, et, çà et là, plus tard encore. Toute
population avait disparu. Enfin, les services
d'arrière et les prêtres des villages se mirent
à la funèbre tâche. A certains endroits, Roze-
lieures, par exemple, le sol était jonché ;
quinze cents furent entassés dans la fosse
commune. Et la grande tranchée sur le haut
de Moyen, que je vis fermer, sur laquelle je
parlai en octobre 1914, que peut-elle conte-
nir de héros ? A Saint-Pierremont, à Ma-
gnières, on les groupa, une centaine par
fosse, dans les cimetières. Très souvent, ceux
que l'on ne pouvait plus transporter ont été
inhumés sur place, au lieu même de leur
mort. La besogne pressait. On se contentait
de faire une petite fosse et de jeter quelques
pelletées de terre. La fièvre typhoïde ravagea
le pays. Il fallut recommencer plus profondément le triste et dangereux ouvrage.

Mais laissons ces douleurs. Je veux retenir
seulement qu'il y a deux sortes de tombes,
les unes isolées, individuelles ; d'autres par
immenses tranchées, et celles-ci en pleine
campagne ou bien auprès du village.

La plupart du temps, pour marquer la
place, deux bâtons ficelés ensemble forment
une croix. Souvent, elle est coiffée d'un képi ;
parfois, sur une planche, même sur un papier

fragile, on a écrit un nom. Autour de Lunéville, elles abondent, ces tombes, placées au
milieu des champs, près d'un ruisseau,
n'importe où l'on a eu le temps de creuser
un trou. Ces deux pauvres bouts de bois,
qui marquent seuls la place d'un brave tué à
l'ennemi, seraient tristes si l'on n'y voyait
les signes de l'honneur et de la victoire. Les
paysans lorrains font tout ce qu'ils peuvent;
ils arrangent pieusement les tombes auprès
des villages, surélèvent un peu la terre, l'entourent de branches en arceaux, y mettent du
gazon, des fleurs, quelquefois un petit dra-
peau. Mais ces hommages ne subsisteront
pas. Cette année, le laboureur respectera ce
petit coin planté d'une croix, et puis la terre
sera nivelée sous la charrue, sous la moisson, et
ce sera fini. Est-ce assez de reconnaissance et
d'admiration pour ceux qui furent tués ?

On ne peut pourtant pas exiger des paysans qu'ils entretiennent ces tombes, souvent
éloignées des villages, ni qu'ils épargnent
indéfiniment des parcelles de leurs champs.
Il faut que quelqu'un s'en occupe. A cette
heure, tout le monde parle d'œuvres ; j'en
vois quatre de toute importance : les mutilés,
les orphelins, les veuves, les morts de la
guerre. C'est grand temps d'agir.

Ces mois-ci, on peut encore trouver les emplacements et relever les noms. Mais déjà les croix tombent, l'eau remplit les trous, efface les inscriptions, pourrit les képis et les shakos, nivelle le terrain.

Que faut-il? Que des braves gens continuent de soigner les tombes, celles-là surtout jusqu'ici négligées, parce que trop éloignées des villages ; qu'ils y construisent une petite butte de terre, qu'ils enfoncent autour des branchages formant bordure ; qu'ils plantent une croix en bois blanc et inscrivent un nom. C'est sans doute ce que l'on fait administrativement au pays de Meaux. Mais, enfin, je voudrais que chaque maire sût où il y a des tombes dans sa commune, sur quels champs elles sont, afin que lé paysan *indemnisé* les respectât.

Ici, nous serrons de plus près le problème. Nous sommes au cœur de notre sujet. Dans mon premier article, je disais : « Pour obéir aux règlements, on commence par enlever aux morts leur plaque d'identité, nécessaire à la régularisation de l'acte de l'état-civil. C'est bien ; mais si jamais, en vue d'une exhumation, on veut reconnaître le corps, tout devient difficile, impossible, par la disparition de cette plaque... » A cela, chacun m'a répondu : le plus simple serait que la médaille fût double.

Aujourd'hui, nous faisons un pas plus avant. Comment va-t-on assurer la tranquillité de ces sépultures et leur perpétuité?

A Rechicourt, m'écrit un officier, j'ai enterré moi-même deux pauvres chasseurs cyclistes. Qui paiera leurs places ? Leur famille ? En ont-ils seulement ? La commune ? Alors, autant généraliser la chose tout de suite.

Les conseils municipaux de France peuvent-ils assurer une place qui ne périra pas à ceux qui sont morts pour la Patrie dans leurs communes?

Je pose la question. Il serait beau que les champs de la revanche fussent indéfiniment respectés. On y élèvera des monuments sur des ossuaires. Mais rien n'est plus émouvant que de simples renflements qui montrent sur quels points la bataille a été la plus acharnée et semblent les vagues de la tempête pour jamais immobilisées. Toutes les familles, si elles ne peuvent transporter ni même identifier celui qui leur est cher, trouveraient une image consolante à se le représenter prenant son repos éternel dans la place même où sa destinée s'arrêta.

Bien des cadavres furent déposés dans des trous d'obus, avec un peu de terre sur eux. C'est une tombe qui a de l'allure, c'est le tombeau de l'empereur pour les héros sans gloire. Ici, nous nous surprenons à nous accorder avec le censeur qui nous morigénait au début de cet article. Un champ de victoire est un cimetière qui commande les imaginations et force les têtes à se découvrir, plus qu'aucune concession à perpétuité, et la tombe anonyme creusée par une marmite vaut toutes les épitaphes.

Au moins faut-il n'en être pas délogé par un ingrat de village.

Ayant défendu, sauvé, racheté de leur vie la terre de France, nos soldats n'en auront-ils pas la longueur de leur corps?

XXXV

LES CATHOLIQUES FRANÇAIS S'ADRESSENT AUX CATHOLIQUES DU MONDE ENTIER

22 Avril 1915.

Voilà le livre que je demandais quand j'ai écrit quelques articles sur l'Espagne et que j'eus cette petite polémique courtoise avec M. Méri—

mée. Laissons donc, disais-je, les catholiques français persuader les catholiques espagnols, et nos révolutionnaires nous défendre auprès des révolutionnaires. Fils de Dieu et fils du Diable, hâtez-vous, tous, de rassembler qui vous ressemble, et, prenant tour à tour la parole, faites votre affaire de persuader vos coreligionnaires, à travers le monde.

Aujourd'hui, sous la direction de Monseigneur Baudrillart, le recteur de l'Institut catholique, et sous le haut patronage des cardinaux archevêques de Paris et de Reims, un *Comité catholique de Propagande française à l'Étranger* élève la voix. Il s'adresse à toute la chrétienté.

Catholiques de tous les pays, leur dit-il, on vous a raconté les fautes de la France. Soit ! Mais ces fautes contre la religion, si quelqu'un en a pâti, c'est nous. Eh bien ! vous pouvez nous en croire, vous pouvez vous renseigner et comparer, à la lumière des principes religieux, ce que fait l'Allemagne et ce que fait la France. C'est notre pays qui est digne de tout votre respect de croyants. Voyez si par la doctrine de ses intellectuels, par les actes de ses chefs et de ses soldats, l'Allemagne ne se manifeste pas, en dépit des déclarations religieuses de son souverain, comme l'adversaire du catholicisme, souvent même de tout christianisme. Considérez, d'autre part, l'attitude de nos prêtres, de nos soldats, de la majeure partie des Français, et voyez si notre nation n'est pas plus fidèle à l'Église, votre mère comme la nôtre, que l'Allemagne du Kaiser « l'ami de Luther ».

Sur ce thème, qui est fort bien posé, le « Comité » publie, en six langues (français, anglais, italien, espagnol, portugais, allemand), un volume : *La guerre allemande et le catholicisme*, qui, dans ses trois cents pages, nous donne *Les lois chrétiennes de la guerre*, par Bernard Gaudeau, *La culture germanique et le catholicisme*, par Georges Goyau, *Le rôle catholique de la France dans le monde*, par un missionnaire. *La guerre aux églises et aux prêtres*, par François Veuillot, *La religion dans l'armée française*, par Monseigneur Baudrillart, et une centaine de pages de pièces justificatives, parmi lesquelles la liste des ecclésiastiques tués à l'ennemi. Le tout complété par un album de documents photographiques illustrant la conduite respective des armées allemande et française à l'égard de l'Église catholique.

C'est de la bonne propagande, d'autant plus forte qu'elle est plus modérée. Rien ne produit d'effet qui va contre la vérité. Les catholiques, en apportant leur témoignage à la Patrie, en laissant de côté toutes les récriminations d'hier, font noblement leur devoir et disent des choses strictement vraies.

Les croyants du monde entier n'ont qu'à ouvrir les yeux pour connaître l'effroyable et mystérieuse haine des armées allemandes contre nos églises et nos curés. J'ai sur ma table un petit carnet de soldat allemand, suivi d'un manuel de conversation en allemand et en français, avec prononciation figurée. C'est un instrument officiel, distribué régulièrement aux troupes. On y voit ce beau texte : « Ditt la wehriteh, uh wuh serez tüeh. Mösiöh lö Küreh, etkriweh sür jö papich lö nümehro dü Kohr darmeh franzsöh... » Voilà qui donne une vue sur le respect qu'inspire aux Prussiens le caractère sacré du prêtre. Ils sentent ce caractère sacré, mais c'est pour éprouver un plaisir de sadisme à assassiner en cherchant à les humilier les prêtres et les religieux.

Qu'il y ait une profonde vie religieuse en France, c'est un second point, tout aussi évident pour qui est à même de connaître la vie présente de nos soldats. Au milieu de l'embourgeoisement de la société à tous ses étages et de la camaraderie commode, quelques principes plus exigeants d'honneur et de pudeur virile avaient trouvé un asile dans le petit monde militaire. Cette flamme, depuis neuf mois, s'est communiquée à toute la nation en armes. Autour des vertus militaires, d'autres vertus ont trouvé à se cristalliser. Des Français qui croyaient désirer seulement que la société jouît de la plus grande somme possible de bien-être, et que chacun fût assuré d'une médiocrité tranquille, nous font voir, avec une force de jaillissement extraordinaire, les mêmes vertus qui soutenaient les plus grands hommes par qui la France fut jamais modelée et conduite. Nous sommes environnés de héros et de saints, si la sainteté est le fait de gens qui pratiquent les vertus de leur état à un degré héroïque.

Je pense que je me fais entendre, et l'on ne croit pas que je dise que nos soldats se préoccupent dans leurs tranchées de réciter avec une adhésion éclairée les douze articles du Symbole des Apôtres. Je parle d'un phénomène spontané et très profond, d'un magnifique fait de guerre. Tous les enseignements avaient été à la disposition de ces hommes, et les avaient laissés mornes, au point que l'on croyait notre temple intérieur vide, mais la haute pensée reposait toujours au fond de notre âme, et l'événement l'a forcée à sortir de ce tombeau.

On voit avec une respectueuse admiration des êtres soudain doués d'un sens nouveau, qu'ils ne savaient pas qu'ils possédaient, des êtres qui distinguent dans le ciel et dans leur conscience un soleil nouveau. Lequel? Celui qui, toujours, éclaira leurs pères. La guerre, sous les alluvions qui le surchargent, va émouvoir l'homme éternel, le Français dépositaire des générations. Tout ce qu'il porte de vrai dans sa conscience s'organise et se coordonne.

Au cours d'une messe sur le front, l'officiant, un prêtre-soldat, s'interrompt à l'offertoire pour dire :

— Vous ne savez pas les prières ; mais il y a une manière de prier qui plaît à la divinité et qui est à votre portée. On honore Dieu par le chant. Voyez ce que vous savez, n'importe quoi, concertez-vous, et, quand j'aurai élevé l'hostie, vous chanterez.

Ils chuchotent, font passer un mot, et quand le prêtre arrive au point culminant de l'office, tous entonnent la plus belle strophe de la *Marseillaise*, celle qui est toute pure : « Amour sacré de la Patrie... » (1).

____

(1) Quel trait pour le *Christus musicus*, ce livre mystérieux dont nous avons entendu parler, que nous rêvons de lire et dont nous ignorons s'il existe.

Le chant de la France, le chant du sacrifice !
La préférence pour un être plus vaste que
notre personne ! Tout s'enchaîne. Un à un,
quand les circonstances s'aggravent, les sentiments profonds se réveillent. Nous n'avons
pas changé de ciel. S'il lève les yeux, le soldat
qui tombe au champ d'honneur dans les
plaines françaises, voit Celui qui le regarde
du haut d'une croix et, plus loin, remplissant
l'horizon, la Toute-Puissance devant laquelle
une grande humilité et l'acceptation dernière
envahissent son âme.

XXXVI

L'EXCELLENCE DE NOS SERVICES
DE TRANSPORT

23 Avril 1915.

Une même note revient dans tous les
comptes rendus des correspondants militaires
étrangers qui ont été admis à visiter nos
armées : « L'énorme machine nécessaire aux
ravitaillements de toute sorte fonctionne merveilleusement. » Ce sont les termes qu'emploie
le journal norvégien l'*Aftenposten*.

C'est vrai ; depuis le début et dans toutes les périodes si variées de ces neuf mois, le service des transports n'a pas cessé d'être mené avec une précision tout à fait remarquable. J'aimerais avoir les éléments nécessaires pour décrire avec des précisions détaillées l'effort admirable fourni, aux côtés de leurs ingénieurs, par les cheminots, dès la première heure de la guerre et de l'union nationale. Au moins, je veux leur rendre hommage en tête de ces notes.

Trois tâches essentielles étaient à remplir. D'abord, la mise en place des troupes de couverture, la mobilisation et la concentration. Ensuite, le ravitaillement régulier des armées en hommes, chevaux, vivres, munitions et matériel, en même temps que les évacuations correspondantes. Enfin, à mesure que se développaient les opérations, il fallut faire parvenir en temps voulu, sur un point donné, des troupes dont l'arrivée était l'élément décisif de la victoire.

On se rappelle le début du drame. L'Allemagne ayant proclamé « l'état de danger de guerre », immédiatement, le 31 juillet, à 9 heures du soir, les transports pour la mise en place de la couverture commencent. Le 2 août, sans déclaration de guerre, les troupes allemandes pénètrent sur notre territoire et assassinent des habitants. Aussitôt nous mobilisons, et voilà que sur le seul réseau de l'Est, les 3 et 4 août, près de 600 trains sont en marche.

A travers les siècles, les enfants à l'école ne manqueront pas d'apprendre quelles furent les angoisses de leurs pères au début d'août 1914. Notre expérience les persuadera, j'espère, que pour garder la paix, il faut préparer la guerre.

Nous ne savions rien du plan allemand, tandis que ces maîtres espions « savaient de nos futures dispositions ce qu'ils avaient intérêt à connaître ». Ainsi s'exprime le général Bonnal, dans sa belle conférence *La Revanche*, et il ajoute : « La crise d'antimilitarisme, dont la France a souffert entre les années 1898 et 1905, avait eu pour effet de paralyser pour longtemps l'action de notre service de renseignements. »

Nous croyions être attaqués sur le front de Verdun, Toul, Épinal et Belfort. Tout au plus admettions-nous que cette attaque directe se combinerait avec une autre attaque secondaire et dérivée qui se produirait par la Belgique. Mais voici que les Allemands envahissent la Belgique. Joffre ne se trouble pas. Sur l'heure, il modifie notre concentration et se met en mesure de porter au nord le principal effort.

Malgré cette grave difficulté, bien que quatre de nos corps d'armée fussent acheminés sur une direction différente de celle qui avait été primitivement prévue, les éléments les plus urgents de la concentration furent mis en place du 5 août à midi au 12 août même heure, et le reste suivit jusqu'au 18 août à minuit. Au terme de ces quatorze jours, avaient été mis en marche 4.500 trains de mobilisation et de concentration, plus 250 trains destinés à l'approvisionnement de siège des places fortes ; et, sur ce nombre énorme, une vingtaine de convois seulement eurent des difficultés.

Mieux réussis encore, ou du moins réussis au milieu de pires obstacles, furent les transports à la fin d'août, lors de notre retraite. Il s'agissait d'assurer le repliement des gares régulatrices, l'évacuation des dépôts, celle du matériel des chemins de fer belges et français, des stations magasins et d'une partie de la population civile. Malgré le trouble et l'imprévu, dans cette sombre période, pas un seul train de ravitaillement, pas un seul train de troupes ne furent arrêtés. Tous arrivèrent, sans retards nuisibles.

Vint l'heure de l'offensive, et les commissaires-régulateurs suivirent avec le même ordre la marche en avant de nos armées. Le service des chemins de fer, sans perdre de temps, rétablit les lignes que nous-mêmes, dans notre retraite, ou l'ennemi, dans la sienne, nous venions de détruire.

Guerre de chemins de fer, diront peut-être certains historiens, considérant le génie de Joffre et le va-et-vient de l'Allemagne entre ses deux fronts. Nous n'employerons pas ce mot, qui simplifierait trop et paraîtrait mettre au second rang la force morale déployée par nos chefs et nos soldats, mais on ne signalera jamais assez l'importance des transports de troupes effectués au cours d'opérations. Lors de notre offensive en Lorraine et en Belgique, lors de notre recul au sud de la Marne, lors de la reprise de l'offensive, lors de l'extension de notre front jusqu'à la mer du Nord, nous avons dû transporter en chemin de fer, d'un point à un autre du théâtre d'opérations, plus de soixante-dix divisions, exigeant la mise en marche de plus de 6.000 trains, sur un parcours variant de 100 à 600 kilomètres.

Tous ces transports ont été assurés par les gares régulatrices avec possibilité constante de déviation des trains, suivant les exigences des opérations. Et, dans nombre de cas, les automobiles sont venues à l'aide des chemins de fer. On connaît l'expédient fameux qui aida l'armée de Paris à intervenir avec le plus vigoureux à-propos dans la bataille de la Marne, contre l'armée du général von Kluck. Le 7 septembre, le général Galliéni, pour activer le transport de ses troupes, eut recours aux taxis de Paris.

Durant les mois de septembre, d'octobre et de novembre, le nombre d'hommes transportés en automobiles dépassa le chiffre de 250.000, les parcours variant de 20 à 120 kilomètres. En outre, les sections automobiles ont assuré le transport du matériel, des munitions, des vivres, des viandes fraîches, et l'évacuation des blessés. Il n'y fallut rien moins que 10.000 voitures, conduites et entretenues par 95.000 chauffeurs et ouvriers.

C'est à la précision de ces transports par voie ferrée et par automobile que nous avons dû pour une large part notre succès contre un ennemi dont la masse pouvait nous déborder et nous écraser. C'est grâce à elle, notamment, qu'a été dressée la barrière infranchissable à laquelle s'est heurtée, dans les Flandres, l'offensive désespérée de l'ennemi. C'est grâce à elle, enfin, que nos troupes sont abondamment pourvues de tout ce qui leur est nécessaire.

Mais cette question du ravitaillement et de l'alimentation des armées vaut que nous la traitions, demain, plus longuement que nous ne pourrions aujourd'hui. Des lecteurs m'ont écrit qu'ils aimaient d'avoir des chiffres et ne trouvaient pas arides des matières sur lesquelles reposent nos espérances. Ce monde matériel supporte tout l'esprit, les destinées complètes de la France.

P.-S. — Les « mandataires aux viandes en gros aux Halles de Paris », aussi bien que les « mandataires à la volaille et au gibier ». font, chaque semaine, entre eux, des collectes au profit des soldats. On sait d'ailleurs que la générosité de toutes les corporations des Halles ne cesse pas d'être sollicitée et est inépuisable.

Les mandataires à la volaille me font parvenir pour la Fédération des Mutilés une somme de 5oo francs. dont je les remercie amicalement.

XXXVII

COMMENT SE NOURRISSENT NOS SOLDATS

24 Avril 1915.

Nos troupes ont été, à tous les moments, pourvues de tout ce qui leur était nécessaire...

Voilà la règle, que ne jettent pas à terre les exceptions tirées de certaines journées terribles.

En principe, le soldat a toujours touché la ration forte de campagne : pain, 750 grammes ; viande, 500 gr. ; lard, 30 gr. ; sucre, 32 gr. ; café, 30 gr. ; et pour le tabac, 100 gr. par semaine. En outre, de nombreux suppléments, la plupart de façon permanente. C'est ainsi que chaque homme touche par jour, en plus de sa ration, 2 grammes de thé, une ration double de sucre et de café, un tiers de litre de vin.

En dehors de ces denrées fournies gratuitement par l'administration, il y a les achats des ordinaires. Qu'est-ce à dire ? Qu'est-ce que « l'ordinaire » ? Chaque homme, en plus des vivres en nature, reçoit une certaine somme, variable suivant les circonstances, qui, mise en commun par compagnie, constitue « l'ordinaire » et sert à acheter les vivres qui ne sont pas fournis gratuitement par l'État.

C'est ainsi que les ordinaires font les achats de pommes de terre, légumes frais, sardines, thon, chocolat, dont l'intendance a constitué de nombreux approvisionnements, afin que les troupes puissent se procurer tout ce qu'elles désirent, même lorsqu'elles ne peuvent faire ni achats, ni réquisitions sur le pays.

...Je suis sûr que vous ne pensez pas que je vous donne là des détails secondaires. L'amitié que chacun de nous éprouve pour nos soldats ne permet pas que nous trouvions sans intérêt ce qui les concerne. Je suis trop minutieux, prosaïque ? Il est beau d'entrer dans le rêve et le songe ; mais nul aujourd'hui ne songe à rien d'autre qu'à nos armées, et nous ne rêvons que de connaître la plus grande quantité de faits précis qui les concernent. La plus charmante des déesses, l'Imagination, ne nous apporterait pas ce que nous trouvons de lumière joyeuse dans ce simple renseignement officiel que je copie :

« Le 1ᵉʳ janvier, chacun des 2 500 000

hommes qui sont sur le front, même ceux des tranchées de première ligne, a touché, pour fêter la nouvelle année, les denrées suivantes en supplément : 100 grammes de jambon, une orange, deux pommes, une poignée de noix, un cigare, un demi-litre de vin supérieur, un quart de litre de vin de champagne. »

Nos troupiers attachent une importance énorme au fait de boire ou de ne pas boire un quart de vin à chaque repas, et ils aimeraient qu'on portât la ration de vin réglementaire à un demi-litre par jour. Cette augmentation légère, si elle avait pour complément la suppression de toute vente de vin et d'alcool dans la zone des armées, serait, me dit-on, d'excellent effet. Mais enfin, la phrase courante, c'est qu' « il n'y a pas à se plaindre pour la nourriture ».

Ces résultats, supérieurs aux prévisions les plus optimistes, sont dus à l'admirable organisation des services de l'arrière, et aussi à l'accumulation de nos approvisionnements. Nous sommes en mesure de faire face à tous les besoins de la guerre, quelle qu'en soit la durée.

Nos réserves de blé et d'avoine sont tellement importantes, que le blé et l'avoine de la récolte de 1914 de la zone des armées viennent seulement d'être battus. On s'est livré à cette opération pour se servir de la paille et libérer les granges.

Sur treize millions de bêtes que comprend le troupeau national, huit cent mille seulement ont été abattues. On engraisse des bêtes pour l'armée, à proximité du front, de façon à ne jamais livrer de bétail fatigué. La nourriture est variée par l'envoi périodique de moutons et de porcs. Et ce ravitaillement en viande fraîche est combiné avec des envois de viande congelée.

Enfin, il existe une réserve de vingt-sept millions de rations de viande de conserve, et on en fabrique toujours.

Et, maintenant, portons notre regard chez les Allemands. Il a été constaté, à diverses reprises, que leurs ravitaillements n'avaient pas la régularité des nôtres. Durant la bataille de la Marne et dans les semaines qui suivirent notre victoire, les prisonniers allemands se jetaient voracement sur le pain qu'on leur donnait et déclaraient tous n'avoir pas mangé depuis plusieurs jours. Il semble que leurs services n'aient pas su parer aux conséquences, pourtant faciles à prévoir, des destructions de voies ferrées opérées par nos autorités militaires. Le gros, on peut même dire la totalité des forces allemandes opérant en France fut, sauf aux deux ailes, privé de tout ravitaillement par voies ferrées. L'insuffisance des transports automobiles aggrava cette situation, et pendant quinze jours leurs troupes manquèrent de tout. Lors de la bataille des Flandres, cette même irrégularité de leurs ravitaillements les affaiblissait.

D'ailleurs, les pains que nous trouvons fréquemment dans leurs tranchées sont d'une qualité plus que médiocre. Leurs prisonniers considèrent comme une friandise le pain blanc de nos troupes. Ils vivent surtout de conserves et manquent à la fois de vin et de bière. Cela s'explique, en dépit d'énormes approvisionnements, par l'impossibilité où se trouve l'Allemagne de se ravitailler par mer.

Si l'on prend le chiffre des importations allemandes en 1912, on constate qu'il s'est élevé à 10 milliards 1/2 de marks. Là-dessus, à peine deux milliards venaient des pays avec lesquels l'Allemagne peut encore commercer. L'Allemagne est donc privée, du fait de la guerre, des quatre cinquièmes de ses importations. Ses économistes ont toujours signalé ce péril. Il prendrait sa pleine gravité du jour où l'Italie, se déclarant et prenant sa part des efforts dont elle veut recueillir le bénéfice, compléterait le blocus.

Dans le fond de leur cœur, les cercles officiels allemands se rendent parfaitement compte qu'il ne peut y avoir qu'une issue de la lutte actuelle en Europe. Les soldats continuent à se battre dur ; mais, en très haut lieu, les chefs se savent battus. Ils ne luttent plus que pour obtenir les meilleures conditions possibles.

P.-S. — Voici une lettre qui est accordée avec les préoccupations auxquelles répond cet article. Elle me vient d'un jeune soldat de la classe 16, à qui j'avais dit : « La classe 15 n'a pas trouvé, à son arrivée au dépôt, les bonnes conditions matérielles que nous aurions voulues, écrivez-moi donc, quand vous aurez le temps, comment vous et tous les conscrits de votre classe, vous êtes traités. »

Naturellement, je ne change pas un mot aux lignes toutes simples et bien satisfaisantes que je reçois :

Je pense que vous m'excuserez de vous écrire au crayon ; mais l'encre est rare dans une chambrée, comme la farine chez les Boches. Je viens tenir ma promesse de vous raconter les défauts et les qualités des mesures prises en faveur de la classe 16.

La nourriture est excellente et variée le plus possible. Nous avons des vêtements usagés convenables, des bourgerons neufs, des souliers odieux à des pieds délicats. Nous dormons comme des loirs sur des lits complets. Vous voyez que les promesses de M. Millerand n'étaient pas vaines.

Nous faisons naturellement l'exercice, et je pense que nous irons vite. Jusqu'à présent, nous le faisions sans chargement ; c'est demain que nous prenons le sac, le fusil et les cartouchières, pour sauter haies, fossés ; grimper des murs ; courir, marcher et virer.

Il y a quelques malades. Dans l'ensemble, pourtant, on peut affirmer que nous sommes solides.

Le métier a vraiment des désagréments. C'est une complète désagrégation d'une personnalité pour se transformer en quelque chose d'impersonnel : le soldat. Mais je ne donnerais pas ma place pour cinquante pipes. Car, comme un poilu, je fume ma pipe sans trop de grimaces.

Ah ! j'oubliais, les gradés sont de très braves gens.

Voilà, je suppose tout ce que je puis vous rapporter d'intéressant sur la classe 16. J'ajouterai que beaucoup parmi nous brûlent de partir au feu pour la reconquête glorieuse de l'Alsace.

Et, maintenant, je vous prie de ne pas m'en vouloir d'écrire si mal la langue de notre grande Patrie.

Comment, mon camarade, vous vous figurez que vous écrivez mal ! Mais nous ne pouvons rien lire qui soit mieux pensé et d'un meilleur Français.

XXXVIII

NANCY SOUS LES TAUBES

30 Avril 1915.

J'étais à Nancy, vers dix heures du matin, dans le cabinet du préfet, — le préfet Mirman, — fameux dans toute la région par son uniforme, sans lequel on ne l'a pas vu une fois depuis le début de la guerre, par sa chaude éloquence patriotique et par la constance avec laquelle, en toutes questions, écartant les préoccupations partisanes, il s'en tient au point de vue national.

Nous causions des misères de la région et de son rapide relèvement.

— Qu'êtes-vous arrivé à faire d'Haraucourt, monsieur le préfet ?

(Haraucourt, c'est un des villages pillés, bombardés, brûlés, qui ont le plus souffert pour le salut de Nancy, dans la glorieuse défense du Grand Couronné.)

— Nous avons élevé des baraquements. Les cultivateurs, avec une belle énergie, sont revenus en grand nombre et se sont remis à leurs terres.

16.

— Et Badonvillers ? Nous l'occupons, n'est-ce pas ? Mais les pauvres habitants, que sont-ils devenus dans leur village pris et repris à tant de fois ?

— Beaucoup sont restés. Ils ont raison. Je conseille toujours de ne pas quitter, sauf s'il y a des petits enfants. Quand on bombarde, eh bien ! on descend dans les caves...

A ce moment de notre conversation, un superbe fracas remplit soudain tout le ciel.

— Un Taube ! dit le préfet. Sa bombe n'a pas dû tomber loin. Personne n'y fait plus attention, à Nancy.

— Celle-là pourtant a fait un tapage intéressant. A Paris, elles perdent leur effet dans un horizon trop vaste. Nous les entendons mal...

Mais pan ! nouvelle détonation, plus formidable ; les vitres de la porte-fenêtre volent en éclats, ses rideaux sont arrachés.

— Cette fois, monsieur Mirman, c'est vous qu'ils visent.

Un employé entre et dit :

— Monsieur le préfet, il y a deux morts sous les fenêtres, deux employés de la mairie, et la première bombe a tué un jeune garçon de seize ans.

J'admire avec quelle précision et quelle

tranquillité le service administratif se renseigne dans cette belle et bonne ville.

Au bout de cinq minutes, notre conversation terminée, nous sortons avec le préfet. La foule assiste à l'enlèvement des blessés et des morts. On lave le sang, on bouche la brèche ouverte dans le trottoir par les deux bombes, on va chercher le vitrier. Nul cri, nulle émotion, rien qu'une plus ardente volonté d'avoir les Allemands, de leur imposer notre loi de vainqueurs et de pousser notre frontière jusqu'au Rhin pour écarter un voisinage aussi vil.

Ces Allemands ont de l'esprit d'organisation et de la bravoure, et l'on voudrait qu'ils se fussent conduits en ennemis que l'on pût admirer, d'autant que nous les battrons finalement à plate couture et qu'il est intéressant, avantageux, de ne pas diminuer les mérites de celui que l'on a battu. Mais vraiment ils ont, avec toute leur puissance, quelque chose d'abject et de niais.

Leur abjection se révèle dans leurs procédés de guerre, qui sont dénués de toute chevalerie. Et leur niaiserie, dont ils mourront, s'étale dans cette manière désastreuse qu'ils ont eu de tourner contre eux l'opinion de la Belgique, de l'Angleterre et successivement de tous les neutres.

Il est difficile d'imaginer une plus prodigieuse méconnaissance du caractère français que celle qu'ils montrent depuis neuf mois. Napoléon, qui a prévu toutes les situations de guerre, dit qu'il faut éviter, par des rigueurs contre la population civile, de surexciter et d'irriter toutes les forces morales. Les Lorrains ont été formés à travers les siècles par les brutalités que sont venus porter chez eux les envahisseurs. Cette rude école leur donne, de génération en génération, ces vertus militaires qui éclatent dans les Divisions de fer et d'acier et qui existent d'ailleurs dans chacune des villes, dans chacun des villages de l'Est. Évidemment. les Allemands redoutent que cette solidarité ne vienne à s'amollir. Ces pompiers attisent le feu. Ils s'arrangent pour que chaque Français comprenne et sente jusqu'à la fureur la nécessité d'aller jusqu'au bout, jusqu'à une victoire complète, apportant avec elle toutes réparations et toutes garanties.

En courant le ciel au-dessus de populations non-combattantes et en cherchant à détruire une merveille comme la place Stanislas, les Allemands, cela saute aux yeux, n'ont pas d'objectif proprement militaire. Ils cherchent un résultat moral. On peut leur certifier qu'ils l'obtiennent. Mais tout à l'encontre de celui qu'ils escomptent. Rien ne vaut, pour tonifier les âmes et pour les unir, ces grandes parades d'assassins ailés guettant les femmes et les enfants.

En Lorraine et dans toutes les parties de la France où l'on est au contact avec les Prussiens, les cœurs sont accordés et solidement liés comme des briques dans un rempart. Cela tient pour une très grande part aux ignominies de l'envahisseur. Il y avait dans l'esprit belge, dans l'esprit anglais, dans l'esprit français et, l'on peut dire, dans l'esprit mondial, une disposition à accueillir les paradoxes et les idées fausses qui aurait pu entraîner quelque mollesse ou quelque lenteur à flétrir un adversaire à la fois puissant et modéré. L'univers a toujours admiré une grande force sage. Mais l'Allemagne ne tient qu'à faire peur. C'est à quoi elle s'applique, toujours heureuse de se sentir haïe.

J'ai été profondément frappé du calme parfait des Nancéiens sous le vol des Aviatiks. Cette population, toute pénétrée des vertus guerrières, ne conclut des injures subies par ses enfants et par ses monuments qu'à la nécessité de renforcer son énergie et de multiplier les efforts nationaux. En quelques

heures, tous les soldats épars sur les collines
et dans les forêts de la région apprennent la
nouvelle. C'est un immense serment renouvelé de vaincre.

S'il était permis de prendre son parti de
quelques accidents toujours possibles, on
souhaiterait que les villes éloignées du théâtre
des opérations, et qui par là ne respirent pas
aussi abondamment que le Nord et l'Est
l'atmosphère de la défense nationale, reçussent à leur tour la visite des Taubes.

XXXIX

LES FRANÇAIS DOIVENT HÉRITER
DES QUALITÉS VRAIES DE L'ALLEMAGNE

2 Mai 1915.

J'ai entre les mains une lettre qu'un de
mes savants collègues de l'Institut m'a remise.
Depuis plusieurs jours, elle occupe mon esprit
et s'y raccorde à beaucoup de réflexions que
vous faites, souvent, vous aussi, lecteurs.
Permettez-moi de la mettre sous vos yeux et
d'y joindre, en guise de commentaire, les
fermes propos qu'elle me suggère.

Son auteur est un Danois d'importance et de haut mérite, qui possède une éducation toute germanique, ayant fait ses études dans les Universités d'Allemagne. Il a passé plusieurs années en contact avec nos jeunes savants, et il ne cessait pas de rompre des lances, tout amicalement, avec eux, pour leur démontrer les belles qualités de la culture allemande.

Vint la guerre. Alors il comprit ce qui se cache derrière la culture allemande ! Aujourd'hui il fait dans son pays des conférences sur Louvain et sur Reims ; il écrit des articles en faveur des Alliés ; il a rompu avec ses anciens maîtres et condisciples d'Allemagne. Il rend les plus grands services à notre cause au Danemark. Ce qui ne l'empêche pas de garder son esprit libre et de faire ses réflexions sur maints sujets qui nous touchent et qui deviendront plus importants après la guerre. Ne trouvez-vous pas qu'un tel homme et ses opinions sur la France méritent notre attention ?

Sa lettre raconte qu'il y a quelques années un archéologue danois, M. Kinch, qui a fait de belles fouilles à Lindos, dans l'île de Rhodes, n'a pu trouver un accueil favorable chez aucun éditeur français, bien que la fondation

Ny Carlsberg (due à un riche brasseur de Copenhague) garantît contre toute perte et assurât même un bon profit. De Paris, il dut se tourner vers Berlin, et en fut réduit à publier en Allemagne son travail écrit pourtant en français !

Est-ce possible ? Oui, c'est ainsi ; cette affaire fut parfaitement gauche et ne peut s'expliquer que par certaines traditions de négligence et de méfiance qu'il y aurait chez certains négociants français.

Mais écoutez ce qu'en conclut naturellement notre Danois. Ses réflexions vont plus loin que le commerce des livres :

Malgré toute la haine, il sera difficile dans notre monde d'affaires de remplacer les Allemands, qui se plient à toutes les exigences, par les Anglais, trop brusquement hautains, ou par les Français, trop méfiants et trop craintifs. Et c'était pourtant à cela que devrait aboutir la guerre. Votre commerce pourrait avoir une belle renaissance au compte des Boches. Le fait que Kinch a dû publier « Vroulia » *en français* chez Reimer, à Berlin, est tristement symbolique, et il y a là quelque chose à refaire et à réapprendre après la guerre,

Et alors écoutez cette page excellente :

Comprenez-moi bien, je ne dis pas cela parce que j'en veux aux Français, mais parce que je voudrais voir les Français comme héritiers de toutes les qualités vraiment bonnes des Allemands. Vous devez recevoir tout ce courant d'étudiants étrangers ; scandinaves, américains, hollandais, russes, serbes, etc., qui ont avant la guerre envahi l'Allemagne. Vos Universités, surtout celles de la province, doivent être réformées, si bien qu'une collaboration active des étrangers devienne possible comme en Allemagne. Le refrain d'autrefois : « On va en Allemagne pour travailler, en France pour s'amuser » sera voué à l'oubli, et vos savants et avec eux tout l'esprit français gagneront immensément par ce courant du dehors, par cet échange des idées et des observations avec les élèves venus de tous les pays. Même au point de vue économique, vous allez profiter de ces masses qui affluent. Cela sera une victoire d'esprit qui vaut presque celle sur les champs d'honneur. Les Allemands, autrefois hospitaliers et bienveillants, seront xénophobes ; vous, autrefois accusés non sans raison d'une certaine xénophobie, vous serez les hôtes et les maîtres de tout le monde étudiant.

Nous écoutons avec un affectueux intérêt ces avis d'un étranger qui, au milieu de nos cruels efforts, aime notre patrie et qui marche à côté de nous vers l'aurore de notre victoire. Chacun connaît le génie organisateur de l'Allemagne, chacun de nous a fait son *meâ culpâ* (car dans la faute d'une nation, nul citoyen qui n'ait sa part de responsabilité), mais chacun de nous est transformé, revivifié sur le modèle de nos soldats et de leurs chefs. Nous ne refusons pas de regarder en face ce qui fut notre infériorité. Que les Boches célèbrent leurs mérites, que le chimiste Ostwald entonne, une fois de plus, son grand air. Celui qui tient bien son épée dans sa main n'a pas peur du clairon dans le camp adversaire.

L'Allemagne, déclarent tous les pédants de la Germanie, grâce à sa faculté d'organisation, a atteint une étape de civilisation plus élevée que les autres peuples. La guerre, un jour, les fera participer, sous la forme de cette organisation, à une civilisation plus élevée! En somme, parmi nos ennemis, les Russes en son encore à la période de la horde ; quant aux Français et aux Anglais, ils ont atteint le degré de développement cultural que nous-mêmes nous avons quitté il y a plus de cinquante ans. Ce degré est celui de l'individualisme. Mais, au-dessus, se trouve l'étape de l'organisation. Et c'est là qu'en est l'Allemagne aujourd'hui. Vous me demandez ce que veut l'Allemagne? Eh bien! l'Allemagne veut organiser l'Europe, car l'Europe, jusqu'ici, n'a pas été organisée.

L'objection saute aux yeux. Cette discipline sûre, ces méthodes, ce formidable outillage varié sont au service d'une âme grossière ; elles manquent d'un cœur généreux ; enfin, pour tout dire d'un mot, elles veulent notre mort. Et puis, ce pédant d'Ostwald exagère. Mais, en dépit de ce ton insupportable de bluff, en dépit de tant de vilenies et d'un si prompt affleurement de brutalité et d'ignominie, il faut bien le reconnaître : les Allemands s'étaient développés dans le sens organisateur.

Étrange race, où l'on vit à toutes les époques l'alliance du prosaïsme le plus terre-à-terre et des aspirations nébuleuses. Ce qui est le mieux réussi dans *Werther*, et bien caractéristique de la race, c'est la description d'une jeune fille faisant des tartines à ses petits frères et sœurs, et éveillant par ces humbles soins une infinie poésie dans l'âme d'un jeune pédant. Leur pangermanisme est à la fois un mysticisme et un programme commercial. J'ai souvent insisté sur leur régression aux forêts d'Arminius et aux autels de Thor; mais deux commis-voyageurs, dans un compartiment de chemin de fer allemand, classant leurs commandes et repassant leurs listes; les écoliers de Berlin faisant systématiquement la tournée pour récolter de l'or ou du métal; nos prisonniers de là-bas mis, contre rémunération, au service des agriculteurs ou des artisans, voilà qui, pour manquer de romantisme, est bien autrement saisissant, et grave, et redoutable.

Les détails que l'on peut connaître de leur installation chez nous, dans cette minute même, les montrent aussi prompts à rectifier une ligne de chemin de fer ou à créer un journal local, qu'à envoyer leurs Zeppelins sur Paris et à s'acharner pour la reprise d'une tranchée que nous leur avons enlevée. Ces vertus, notre victoire ne les leur enlèvera pas. Alors même que nous nous serons débarrassés de leurs prétentions militaires, et assurés contre leur hégémonie, il nous faudra être en mesure de lutter contre des avantages que leur aptitude à organiser leur assure.

Après la victoire même, nous serions des vaincus, si nous ne retrouvions pas la faculté que nous avons eue si éminemment, le goût et le don d'imposer une forme à des agrégats flottants, le sens des précisions et des associations nécessaires, les vues d'ensemble encadrant notre action et y faisant rentrer celle de nos coopérateurs. Avouons-le, et admettons cette rançon de quelques-unes de nos plus belles qualités : nous avions perdu (dans la collectivité comme chez les individus) la faculté d'organiser; nous excellions dans le momentané; nous vivions le plus volontiers dans l'inorganique charmant et dans les délices de l'invertébré. Préparons-nous, par tous les moyens, à être de nouveau capables d'engrener notre activité et de la multiplier par l'association, par la coopération.

J'accueille comme un beau programme cette phrase de ce Danois, ami de notre patrie dans le terrible effort : « Je voudrais voir les Français comme héritiers de toutes les qualités vraiment bonnes des Allemands. » C'est la vieille règle légendaire, et le vainqueur doit prendre à sa charge ce qu'il y avait d'honorable dans la mission du vaincu.

XL

CROQUEMITAINE

5 Mai 1915.

Un membre distingué de l'Université, M. F. B., professeur à Grenoble, me donne à lire « la traduction scrupuleusement exacte » d'une lettre qu'il a reçue, ces jours derniers, d'un Allemand, professeur à Bonn.

Nous nous étions connus en Allemagne, il y a quelque dix ans, me dit-il, et nos relations s'étaient poursuivies depuis lors dans des formes toujours cordiales. Après avoir reçu l'hospitalité chez moi, à Grenoble, où il suivait mes cours de l'Université, cet Allemand m'avait demandé ma collaboration pour une série de volumes à l'usage de l'enseignement secondaire, et j'avais accepté. Et voilà que cet homme, qui proteste à plusieurs reprises contre l'épithète de « Barbare », ose signer l'élucubr ation que je vous communique ! Il souhaite qu'on assure à sa prose la plus large diffusion ; j'espère que, par vos soins, il aura toute satisfaction ; mais je doute qu'il obtienne le succès qu'il s'en promettait.

En effet, cette lettre, qui veut faire peur, fera rire.

Si je n'y voyais que l'erreur d'un fantoche, je n'appellerais pas dessus l'attention de mes lecteurs. Mais nous nous trouvons en présence d'un document typique, où l'âme allemande de 1915 s'étale dans sa nudité. C'est un de ces factums que, sur l'ordre ou tout au moins sur le mot d'ordre des autorités, nombre d'Allemands ont rédigés à l'intention de leurs correspondants des pays neutres ou même des pays ennemis. Beaucoup d'universitaires ou de savants travailleurs ont reçu des gentillesses pareilles. Il faut les connaître pour comprendre l'agitation délirante de ceux qui les écrivent. C'est d'une maladie mentale qu'il s'agit. Faites-en paisiblement l'examen, écoutez le maniaque :

Mon cher F... B...,

Depuis notre dernier échange de salutations, l'été dernier, ce que nous autres Allemands sans doute pressentions, sans pourtant le croire possible, est devenu réalité. Un monde d'ennemis, qu'anime une aveugle fureur, s'est conjuré depuis des années contre le germanisme. Nous avons subi l'agression d'une bande d'assassins. Et vous, nobles fils de la Gaule, vous vous imaginez, alliés aux demi-Asiatiques et aux Celtes, délivrer des Germains, que vous traitez de barbares, la civilisation européenne? Vous serez tous amèrement déçus.

Même, si vous allez quérir, pour les joindre à vos Africains, tous les gorilles du Jardin d'Acclimatation, vos crânes seront tous réduits en miettes par les poings allemands.

Vous n'êtes pas au bout de vos surprises !

L'État français est le vassal de l'Angleterre, qui a précipité la Belgique dans la ruine. La Belgique est aujourd'hui territoire allemand. L'Angleterre trompe la France, qu'elle pousse également à sa perte. Poincaré, Delcassé, Cambon, tous sont les fossoyeurs de la Grande Nation. Et vous, naïfs républicains, vous êtes tous les jours trompés et trahis par votre propre Gouvernement ; votre presse est vendue ; on vous sert des contes à dormir debout. Envoyez au diable votre Gouvernement, exigez qu'on vous dise la vérité.

Vos armées ont subi des pertes énormes. Il n'y a pas un Français, pas un Russe sur le territoire allemand. Seul, notre Gouvernement dit l'exacte vérité : tout le monde a en lui une confiance sans bornes. L'Allemagne est debout comme un seul homme, tel un géant qui écrase tout quand on l'irrite.

Vous éprouvez à présent ce que peut le *furor teutonicus*, dont vous avez si souvent souri et plaisanté. Nous continuerons de vous rosser tous de telle sorte que vous ne vous releviez plus pour nous troubler dans notre mission universelle. L'Allemagne est le médecin qui guérira le genre humain.

J'abrège ; je passe aux conclusions :

Le Gouvernement français se laisse prendre aux artifices du tsar, à l'impudente audace de Grey. Donc, encore une fois : envoyez au diable votre Gouvernement.

Je vous prie, mon cher B..., de traduire et de communiquer cette lettre à votre femme, à tous vos amis ; veillez à répandre ces informations. Vous avez vous-même vécu plusieurs années en Allemagne, et je pense que vous n'avez retiré qu'avantages de votre séjour parmi les Barbares. Faites-vous le champion de la vérité ; combattez pour la vérité dans votre pays, qui est trompé par le Gouvernement, par la presse. Faites-vous envoyer des journaux de la Suisse, pays neutre, mais seulement des journaux allemands, car tous les journaux français qui paraissent à Genève ou à Lausanne mentent également.

La guerre universelle continuera jusqu'à ce que nous, les Allemands, alliés à l'Autriche-Hongrie et à la Turquie, nous ayons définitivement remporté la victoire. Nous vaincrons, parce que nous ne pouvons pas ne pas vaincre, car nous combattons les mains pures, la conscience pure ! Mais je m'arrête. Adieu !

K. B.

professeur au lycée de Bonn
(Allemagne).

C'est un fou ? Non. C'est un Teuton dans un accès de *furor teutonicus*. Cet homme, qui voudrait tout avaler, s'étrangle tant il crie. Son dernier mot « Adieu », qui prétend nous faire trembler, semble la sortie d'un Matassin. Le professeur ne doutait pas d'entrer à Paris ; il faudra qu'il se contente d'entrer dans le répertoire des vaudevilles.

On peut mesurer les résultats que nous avons obtenus depuis neuf mois à l'effet que produit une pareille épître. Si nous l'avions lue aux premiers jours de la guerre, nous aurions cherché sous son arrogance quelque sens solide. Aujourd'hui, chacun hausse les épaules et méprise l'épistolier, comme un homme de qui la raison est dégradée. M. Bergson pense que le rire a un rôle social, qui est de châtier. Rions donc, mais souvenons-nous qu'il est nécessaire d'abattre de tels déments, ou de leur mettre la camisole de force.

C'est à l'univers entier qu'ils s'en prennent. L'autre jour, en Lorraine, un groupe de nos officiers, à l'esprit généreux et clair, m'ont signalé une nouvelle apologie du militarisme allemand écrite par un professeur danois, M. Larsen, qui a grand succès dans toute la Germanie. Elle se présente sous la forme d'un gros ouvrage intitulé : *Pendant la Grande Guerre*. M. Larsen, dit la « *Magdeburgische Zeitung* », reproduite par la « *Norddeutsche Allgemeine Zeitung* » du 14 avril, réfute d'une façon décisive l'opinion accréditée dans certains milieux que le militarisme allemand serait uniquement un culte de la puissance allemande. « *Le militarisme allemand est l'œuvre de culture la plus importante que l'Allemagne ait créée et son apport original à la culture mondiale.* »

Voilà une belle thèse. Il faut en suivre le développement colossal. Le militarisme allemand, en tant que culture, nous disent Larsen et avec lui les journaux qui le commentent, est autre chose que la littérature, l'art et la science. C'est *une organisation gigantesque de savoir et de puissance réalisée à travers les générations par une application infatigable et un don de soi sans réserves,* par l'aptitude de tout subordonner et par la capacité des chefs, par la perspicacité et par le courage. Tout cela est conservé jusqu'à la mort avec une joie de sacrifice qui est presque religieuse.

Religieuse ! vous l'entendez. La guerre des Allemands est une croisade. Tels sont les termes qu'ils emploient. Ils sont convaincus de posséder la vraie croyance, la vraie foi, l'âme religieuse la plus haute, née d'un terrain cultivé par le militarisme allemand. Cette foi a toutes les conditions pour devenir la foi de l'univers. Si les Allemands sont victorieux, la victoire de l'Évangile allemand est aussi assurée.

Vous entendez ces hautes folies ! Il n'y a pas à les discuter. Des sommets de l'orgueil où elles semblaient avoir poussé, elles ont glissé, toutes fanées, dans les fossés de la niaiserie. Ah ! nous les accueillons avec un esprit tout différent de celui que nous leur aurions prêté il y a quelques mois. Ces thèses faisaient de l'effet au moment où von Kluck marchait sur Paris avec une rapidité foudroyante. Maintenant, nous savons où il courait à si grandes enjambées. Il courait se faire battre. Sa hâte en prend quelque chose de comique. De même, leurs moyens matériels, leurs zeppelins, leurs gros canons pouvaient nous donner à penser. Aujourd'hui, nous mettons cet outillage au point ; nous le jugeons à l'œuvre. Leurs zeppelins devaient servir au bombardement suprême de Paris ; ils ne servent à rien du tout. Leur canon monstre devait se placer à Calais et, de là, bombarder Douvres ; le voilà réduit à user ses boulets, gros comme un train, pour écraser dans Dunkerque, sans aucun profit militaire, quelque maison bourgeoise. Et la grande religion allemande, révélée *ex cathedra* par les hauts savants, gloire de l'Empire, ne sert plus qu'à fournir des propos injurieux au petit professeur de Bonn contre son collègue de Grenoble.

L'empereur peut mesurer que du tragique
au comique il y a moins loin que de Berlin à
Paris. Tout commence à s'effondrer dans la
formidable machinerie. Et, en place des
innombrables monuments consacrés dans
toute l'Allemagne au vieil Empereur, à Bis-
mark et à Moltke, je vois peu à peu, avec
les yeux de l'imagination, se dresser un formidable Croquemitaine.

Note de 1916 sur l'article « Croquemitaine » *que l'on vient de lire :*

Cet article a fait l'objet de divers commentaires dans
la revue *les Langues Modernes* et de la part des journaux allemands.

La revue *les Langues Modernes* disait : « Mais cette
lettre et le commentaire de M. Barrès nous les avons
déjà publiés ». Quant aux journaux allemands ils
niaient l'authenticité du document.

Je donnerai donc mes sources. J'ai été documenté
par M. F. Breistroffer, professeur au lycée de Grenoble :

« 8 Mai 1915

» Cher Monsieur,

» Vous avez publié, il y a quelques jours, dans l'*Écho
de Paris*, un article sur le Carnet de guerre des soldats allemands. Je pourrais vous apporter, moi aussi,
le fruit de mes lectures et de mes réflexions. Mais je pré-
fère vous envoyer la traduction scrupuleusement exacte
d'une lettre que j'ai reçue ces jours derniers d'un professeur allemand. Nous nous étions connus en Allemagne il y a quelque dix ans et nos relations s'étaient
poursuivies depuis lors dans des formes toujours cor

diales. Après avoir reçu chez nous à Grenoble, où il suivait mes cours à l'Université, la meilleure hospitalité, le professeur allemand m'avait demandé ma collaboration pour une série de volumes à l'usage des élèves de l'enseignement secondaire et j'avais accepté. Or, cet homme, qui proteste â plusieurs reprises contre l'épithète de « barbare » ose signer l'élucubration ci-jointe.

» S'il ne s'agissait que de l'erreur d'un malade, je le jugerais indigne de retenir votre attention et celle de vos lecteurs ; mais nous nous trouvons en présence d'un document typique où l'âme allemande, si l'on peut dire, s'étale dans sa nudité ; c'est un de ces factums que sur l'ordre — tout au moins le mot d'ordre — des autorités, nombre d'Allemands ont rédigé à l'intention de leurs correspondants des pays neutres ou même des pays ennemis. J'en ai la preuve, car beaucoup de mes collègues ont reçu le même factum.

» C'est par « patriotisme » qu'ils écrivent ces gentillesses ; mais comment ne sentent-ils pas que leurs tentatives extravagantes sont par surcroît ridicules et vaines ? Quel tact et quelle psychologie !

» Le professeur allemand, dont je vous envoie la lettre et qui mériterait qu'on publiât son nom, souhaite qu'on assure à sa prose la plus large diffusion possible.

» J'espère que, par vos soins, il aura toute satisfaction ; mais il faut douter qu'il obtienne le succès qu'il s'en promettait. » F. BREISTROFFER. »

Quand les doubles réclamations que j'ai indiquées plus haut s'élevèrent, je me retournais vers M. Breistroffer en les lui signalant. M. Breistroffer me répondit en date du 9 août 1915 :

« Monsieur,

» J'ai été très surpris en recevant votre lettre de ce matin. La lettre en question m'est parvenue à Grenoble, d'où on me l'a fait suivre portant la date du 10 avril et un timbre de Zurich. Elle est de M. Karl Rauschenbach (R et non pas B, comme on a imprimé à tort à l'*Écho*), par discrétion je n'avais pas voulu donner son nom.

» M. Rauschenbach a passé trois mois à Grenoble et je devais faire avec lui une série de volumes dans le genre de *Der Klemmé Deutsche*. Je regrette de ne pas me trouver à Grenoble en ce moment, je vous aurais communiqué la série de lettres échangées entre nous à ce sujet l'été dernier. Si vous aviez publié la lettre *in extenso* vous vous seriez aperçu de certaines différences.

» Les ressemblances proviennent de ce que ces lettres ont été rédigées *sur le mot d'ordre des autorités universitaires allemandes.*

» J'en ai la preuve formelle, connaissant personnellement deux de mes collègues qui ont reçu exactement la même lettre avec de légères différences qui proviennent uniquement de la différence des dates auxquelles ces lettres ont été écrites.

. . . .

» Vous pouvez publier tout ce que vous voudrez et je suis à votre entière disposition au cas où mes explications ne suffiraient pas.　　» Breistroffer. »

Et plus tard encore à la date du 7 septembre 1915 :

. . . .

« J'avais été tellement frappé moi-même de la similitude des lettres en question, que je n'ai pu m'empêcher d'en parler à mon collègue M. D..., professeur au Lycée Buffon, qui est prêt à le certifier. Je regrette d'avoir quitté Grenoble pour la campagne, sinon je vous aurais fait parvenir l'original de la lettre. Cette lettre qui n'est pas de K. *B.*, comme l'a imprimé à tort l'*Écho de Paris*, mais K. *R.*, est parvenue à mon adresse à Grenoble avec un timbre de Zurich, portant la date du 10 avril.

» Elle a été écrite par M. Karl Rauschenbach.

» Un autre de mes collègues, M. D..., en a reçu une exactement semblable à la même époque de M. Karl Schladebach, professeur à Elberfeld, Augustastrasse, 91.

. . . . , ...

» BREISTROFFER. »

XLI

LE GÉNIE FRANÇAIS SUR LE RHIN

6 Mai 1915,

Les sociétaires du Théâtre-Français ont une heureuse idée de vouloir donner au bénéfice des Alsaciens-Lorrains, piétinés par la guerre, le premier spectacle de *Colette Baudoche*. « Une partie de la Haute-Alsace et des Vosges est déjà rendue à la France, grâce à la ténacité intrépide de nos soldats. Mais l'ennemi laisse, en se retirant, des villages anéantis, des populations sans asile, ruinées et dispersées. » Pour les assister, un comité de *Secours en Alsace-Lorraine*, dont je reproduis l'appel, vient de se constituer sous le patronage de Mme Raymond Poincaré. Il m'a fait l'honneur de m'offrir l'une de ses présidences. Je me réjouirai si la belle pièce de Pierre Frondaie peut l'aider, samedi prochain, à se constituer les moyens d'assister nos frères réunis.

La jeune Colette Baudoche, à son entrée sur la scène, commence donc par quêter pour les Lorrains et les Alsaciens. Puisse-t-elle leur apporter une généreuse obole ! Ce serait une restitution. Ils m'ont donné le livre.

Bien souvent on m'a interrogé sur les divers personnages qui figurent soit dans ce petit ouvrage, soit dans son complément, le *Service de l'Allemagne*. Où donc demeurent exactement les dames Baudoche ? Nous avons cherché leur appartement à Metz. Dans quelle caserne de Strasbourg, M. Ehrmann a-t-il fait son volontariat ? Qu'est-il devenu ? Colette a-t-elle trouvé un mari ? Ce sont des questions que l'on pose à tous les romanciers, et la plupart s'en agacent, ou bien en sourient. Il ont droit de les trouver intempestives, car l'artiste propose à ses lecteurs un monde qui n'existe nulle part et qu'il crée avec ses émotions profondes. Pourtant je m'empresse de répondre que j'ai désiré d'être un portraitiste de l'âme alsacienne et lorraine et que la jeune Colette ou bien M. Ehrmann, le héros du

Service de l'Allemagne, sont vivants, respirent dans Metz, dans Strasbourg, Colmar, Mulhouse, dans chacun des villages de Lorraine et d'Alsace. Ils y existent à des milliers d'exemplaires, ils nous attendent là-bas ou bien se sont jetés dans nos rangs, au début de la guerre, ou bien, les malheureux, reçoivent nos coups sans nous les rendre.

Dieu soit loué ! Ces temps de la captivité sont finis. La civilisation latine et notre esprit qui étaient en danger sur la rive gauche du Rhin vont y être solidement rétablis. L'histoire rendra hommage à ceux que j'ai essayé de peindre d'après le vif, à tous ces jeunes garçons et jeunes filles qui ont forcé l'univers d'admirer ce qui est le signe d'une humanité supérieure : la volonté de n'accepter que ce qui s'accorde avec leur sentiment intérieur, la volonté de ne pas subir une forme inférieure de la vie.

Un grand nombre de Lorrains et d'Alsaciens excellents, au lendemain de l'annexion, après la triste guerre que nous sommes en train de venger, étaient venus se réfugier en France. Mais ceux qui restaient ? Isolés, inquiets de savoir s'ils avaient pris la bonne résolution, ces frères malheureux se sentaient mal connus. Leur rendions-nous justice ? Eux-mêmes, étaient-ils bien assurés d'avoir pris la bonne voie? Il fallait leur donner confiance; il fallait dire d'eux et qu'ils disent eux-mêmes : « On peut rester Français et sauver son cœur, son honneur, son esprit, sous la domination prussienne. »

Mais ce n'est pas assez. Le rôle des dignes Français, c'est éternellement de franciser la rive gauche du Rhin. Je n'ai pas voulu seulement dire à ceux d'Alsace et de Lorraine : « Maintenez la France chez vous »; j'ai voulu aussi constater, proclamer que tout vaincus qu'ils étaient, ils connaissaient d'instinct leur mission et s'employaient à conquérir leurs vainqueurs.

La tendance constante, le pouvoir et le devoir de tout élève de la civilisation latine, c'est de civiliser la barbare Germanie. Je croyais, je savais, je voyais que les conquis conquerraient leurs vainqueurs. L'événement est en train de me donner la confirmation que j'attendais pour une date indéterminée.

Cette vertu de civilisateur latin que nous constatons, à travers les siècles, dans le fond des populations de la rive gauche du Rhin, cette puissance qu'elles ont pour latiniser, romaniser, franciser ceux qui viennent d'outre-Rhin se fixer au milieu d'elles, j'ai voulu la montrer agissante. J'ai voulu prouver que cette tâche de diffuser de la France à travers la Germanie était à la portée des plus simples gens, à la portée d'un jeune Alsacien que la loi appelle à servir sous les drapeaux ennemis, à la portée de la modeste petite fille qui force des étrangers à sentir sa grâce et sa dignité.

La vérité de cette influence des vaincus sur leurs vainqueurs, des Alsaciens et des Lorrains, en tant que Français, sur les Germains, n'est niée par personne. Jaurès en convenait avec moi, mais ayant reconnu le fait il voulait l'employer au bénéfice de cette entente franco-allemande qui fut son effroyable chimère.

« Est-il possible, écrivait-il, qu'une Colette et qu'un Ehrmann, qui parviennent à imprimer jusque dans l'esprit du vainqueur une noble image de la France s'obstinent à repousser ceux sur qui le charme français aura opéré ? Entre M. Ehrmann et l'élite des Allemands immigrés, il se créera un lien subtil et fort, une communication d'ordre supérieur, et l'idée viendra un jour à ce jeune homme que cette mutuelle sympathie pourrait s'élargir jusqu'à envelopper les deux nations. Et Colette ? Elle refuse de se marier avec Asmus, soit. Mais elle a hésité ; on a entrevu que si elle épousait Asmus, elle travaillerait avec lui à réconcilier Français et Allemands, et par là le livre de M. Barrès nous prédispose à une sorte d'indulgence.....

» Ainsi, concluait Jaurès en m'interpellant tout droit, parce que vous avez le sens de la vie, vous ne pouvez enfermer l'ample mouvement des choses dans les formules étroites que vous préférez. Vous vous démentez et vous vous dépassez vous-même, à votre insu, en nous suggérant, malgré que vous en ayez, l'idée d'une revanche plus haute, celle du génie français parvenant à se faire comprendre du génie allemand et à le combattre. »

Je n'ai jamais oublié cet article de Jaurès. Il est de grande portée. Étant donnée l'opposition de ses idées doctrinales et de mes idées propres, les faits sur lesquels nous nous accordions prenaient à mes yeux une rare valeur. La civilisation française dans les pays annexés conquiert les Allemands, s'impose à leurs professeurs, transforme leurs mœurs, voilà ce que Jaurès me concédait. Ajoutons qu'il doit toujours en être ainsi.

« Il se pourrait bien, écrit Georges Dumesnil, l'éminent philosophe du *Spiritualisme* et de *La Sophistique contemporaine*, il se pourrait bien que, depuis deux mille ans, il y eût, de ce côté-ci du Rhin, des Colettes

qui ne veulent pas épouser des Asmus. Quand
par force le mariage s'est accompli, M. Asmus,
après s'être fait appeler quelque temps M. As-
mus-Baudoche s'est trouvé, un beau jour,
Baudoche tout court, ne voulant plus rien
savoir des Asmus. »

Très bien dit, et fort juste. C'est l'opération
que nous réussirons à Trêves et à Coblence
et dans toutes ces charmantes petites villes de
la basse Moselle. Aisément, par la douceur
de la vie française que nous y transporterons,
nous ferons le plus beau mariage. Des unions
qui n'étaient pas possibles à Strasbourg et à
Metz, le deviendront, car il y a la manière,
et ce ne sera plus la manière prussienne. Ils
étaient légion, hier, les Allemands qui se
tournaient vers nous comme les plantes vers
le soleil. Le dur génie destructeur de la
Prusse les contrariait, les contraignait, les
dénaturait. Libérés de cette barbare tutelle,
les bords du Rhin, trop heureux de respirer
à leur aise, prendront leur libre rythme, aisément accordé au nôtre.

Dans l'intérieur de notre frontière rhénane
pourra s'épanouir, avec le temps, le rêve de
Mistral, qui ne voulait pas comprendre les
obligations que l'honneur imposait aux filles
d'Alsace et de Lorraine et qui souhaitait

le mélange des deux races pour le profit du monde français et latin.

J'ai de lui une lettre bien curieuse. Elle rend compte de ce qu'était, dans ces dernières années, la plus noble raison française, Minerve trop disposée à déposer sa lance, tandis que les Walkyries désignaient déjà nos meilleurs jeunes gens pour la mort. Le poète immortel de *Mireille* m'écrivait à propos de *Colette Baudoche* :

Vous rendrez si sympathiques le terroir et la race (de Metz) que le bon gros Allemand Frédéric Asmus est vaincu en peu de temps, et vaincu de façon si naturelle et si honnête qu'on regrette vraiment la maussaderie finale de la petite Colette. Étant donné que le germanisme finit toujours par se fondre dans la latinité, — à preuve la fusion rapide des innombrables envahisseurs de l'empire romain, — il est certain que par le seul effet des influences naturelles, les immigrés allemands sont destinés à faire des fils et petits-fils lorrains, et par eux la Lorraine reprendra son autonomie. Je remarque en Provence que les fils des Métèques sont généralement plus ardents que les indigènes de vieille roche. C'est le mystère de la greffe. Donc j'aurais vu avec plaisir le bon docteur Asmus contribuer à repeupler Metz de jeunes patriotes. Il méritait bien cette jolie récompense.

Allons, je ne vais pas contester contre un grand homme à qui nous gardons un culte de piété. Sa lettre m'a bien scandalisé. Mais le temps se charge de faire voir, parmi toutes les idées, celles qui possèdent quelques vertus. Le problème pourra quelque jour se poser comme le voyait Mistral. Les Français, en Alsace-Lorraine, devaient rester inassimilables. Plus avant dans les zones rhénanes, où il va s'agir de développer notre influence, leur souci sera de s'assimiler tout ce qui s'en montrera digne.

Quand nous aurons libéré de la Prusse et de sa fureur militariste des populations qui se souviennent d'avoir été romanisées, toutes les affinités recommenceront de jouer. Honneur aux soldats de la France qui, rendant au monde la paix, se trouvent travailler, au prix de leur sang, pour le bonheur même des fils et petits-fils de leurs ennemis !

TABLE DES MATIÈRES

HUITIÈME PHASE

IMPRIMERIE CHAIX, RUE BERGÈRE, 20, PARIS. — 3056-3-16.

MAURICE BARRÈS

L'AME FRANÇAISE

et

LA GUERRE

★ ★ ★ ★

L'AMITIÉ

DES

TRANCHÉES

PARIS

ÉMILE-PAUL

FRÈRES

ÉDITEURS

—

1916